KOCHDUELL

Tips und Tricks

KOCHDUELL

Tips und Tricks

DUMONT

2. Auflage 1999

Layout: Angela Buntenbroich, DuMont Buchverlag
Druck und buchbinderische Verarbeitung: Neue Stalling, Oldenburg

Printed in Germany ISBN 3-7701-5055-4

Inhalt

Liebe Kochbegeisterte,

es ist mir gerade dieser Tage wieder passiert: Ich wollte meine Gäste mit feinen Kalbsfilets im Parmesanmantel verwöhnen, als sich während der Vorbereitungen ein riesengroßes Fragezeichen über meinem Kopf formierte. Die über Gelingen oder nicht alles entscheidende Frage lautete: Zuerst die flachgeklopften Kalbsfilets in Ei wenden und dann in geraspeltem Parmesan oder umgekehrt? Ist es sinnvoll, die Filets vor dem Eintauchen ins Ei noch zu mehlieren oder nicht?

Ich probierte verschiedene Reihenfolgen aus. Bei den ersten zwei Versuchen wurde aus dem angestrebten Parmesanmantel zügig eine Parmesanpatchworkdecke. Danach hatte ich die Fratz voll und telefonierte um Hilfe rufend mit einem unserer Köche, der mir dann netterweise sofort mit Rat zur Seite stand.

Klar, im nachhinein ist es nicht nur supereinfach, sondern auch logisch: erst mehlieren, dann in Ei wenden und zum Schluß in Parmesan wälzen. Wie sonst sollte die Parmesanhülle am Fleisch haften bleiben? Dieses Beispiel ist ein klarer Fall für unser neues Kochduell-Buch »Tips und Tricks«.

Sie haben sich sicherlich auch schon einmal gefragt, wie es kommt, daß der Pfannkuchen von Omi sich irgendwie lockerer auf dem Teller ausbreitet im Gegensatz zu dem Ihrigen, der meistens etwas schlaff in der Pfanne festpappt, wenn er nicht sogar reißt. Oder wie man Bratkartoffeln so richtig kross bekommt? Zugegeben, das sind eher die einfacheren Dinge in der Küche. Richtig spannend wird es, wenn es um solche Fragen geht, wie ich

einen anständigen Sauerbraten vorbereite. Wie gare ich Fisch richtig, so daß er nicht auseinanderfällt oder sogar trocken wird, wie binde ich ein Hähnchen richtig zusammen, und wie will ein Mürbeteig behandelt werden, damit er auch schön knusprig wird, aber nicht bröselt? Fragen über Fragen, die wir im Laufe von 250 Sendungen KOCHDUELL zu klären versucht haben.

Als wir damit anfingen, vor dem eigentlichen Duell Zuschauerfragen mit Hilfe unserer Profiköche zu klären, war ich sehr überrascht, wie viele Briefe wir mit »Problemen« bekamen. Die Lösung war meistens ziemlich simpel – wie mit allen Dingen, wenn man weiß, wie's geht. Ich gehe mal davon aus, daß Sie nicht vor dem Fernseher mit angespitztem Bleistift sitzen und alles mitnotieren. Dazu ist die Zeit auch zu kurz, und mit dem Gedächtnis ist das manchmal so 'ne Sache.

Deshalb haben wir für Sie die Tips, Tricks und Kniffe von unseren Profiköchen gesammelt. Quer durch die Küche ist alles aufgelistet und jederzeit griffbereit für Sie, auf daß die Komplimente für Ihre Kochkünste zukünftig auch wirklich ehrlich gemeint sind. Und damit Ihnen nicht bereits beim Lesen einer Rezeptanleitung die Schweißperlen auf die Stirn treten, haben wir die Grundbegriffe von A bis Z zusammengefaßt. Das einzige, was wir noch nicht klären konnten, ist, wer nun zuerst da war: die Henne oder das Ei?

Aber das dürfte Ihnen und Ihren Gästen ziemlich Wurscht sein bei den Gaumenfreuden, die Sie demnächst auf den Tisch zaubern werden. Nach dieser Lektüre brauchen Sie sich jedenfalls von niemandem mehr was erzählen zu lassen. Sie wissen es nun so oder so besser, denn ab jetzt wird nicht nur alles gar, nein, jetzt wird sogar alles gut.

In diesem Sinne wünsche ich Ihnen fröhliches Kochvergnügen!

Ihre Britta von Lojewski

Eier & Milchprodukte

Frische von Eiern überprüfen

Um zu prüfen, ob ein Ei frisch ist, gibt es zwei Möglichkeiten: Das Ei wird in ein mit kaltem Wasser gefülltes Glas gegeben. Sinkt das Ei auf den Boden des Glases und legt sich flach, ist es frisch; richtet sich das Ei auf und stellt sich auf sein spitzes Ende, ist es ein altes Ei. Das Geheimnis: In jedem Ei ist eine Luftblase vorhanden, die mit zunehmenden Alter größer wird, da Dotter und Eiweiß eintrocknen.
Auch wenn man das Ei auf einem Teller aufschlägt, kann man erkennen, ob es frisch ist: Hat das Eiweiß um das Eigelb eine schöne ovale Form, ist dies ein Indikator dafür, daß das Ei frisch ist. Bei alten Eiern dagegen verläuft das Eiweiß auf dem Teller.

Carsten Dorhs

Eierstich

4 Eier mit 1/4 l Milch aufschlagen und mit Salz, Pfeffer und etwas Muskatnuß würzen. Die Masse kann je nach Geschmack mit Gelbwurzel, Safran, Tomatenmark, Petersilie oder Spinat verfeinert und eingefärbt werden. Die Masse in Förmchen oder Vakuumbeutel füllen und im Wasserbad garziehen lassen. Wenn der Eierstich ausgekühlt ist, kann er in kleine Stücke geschnitten und beliebigen Suppen zugefügt werden.

Rainer Mitze

Omelett mit Pilzen

Ein Omelett wird aus 3 Eiern hergestellt. Diese mit etwas Milch oder Sahne, Salz und Pfeffer gut aufschlagen. Die Masse in einer beschichteten Pfanne kurz anziehen lassen, dann vorsichtig rühren und nicht ganz gar werden lassen. In einer weiteren Pfanne Zwiebeln anschwitzen und Champignons, Crème fraîche, Petersilie, Salz und

Pfeffer dazugeben. Diese Füllung auf der Mitte des Omeletts verteilen, die Pfanne schräg halten und das Omelett vom Körper weg einrollen oder einklappen.

Tip: Um das Omelett heil auf den Teller zu bekommen, diesen über die Pfanne legen und die Pfanne wenden. Nach Wunsch garnieren.

Ralf Meuser

Eier marmorieren

Die Schale eines gekochten Eis rundum leicht anschlagen und das so behandelte Ei in eine Schüssel legen, die mit gekochtem schwarzem Tee mit einem Schuß Sojasauce gefüllt ist, und das Ganze über Nacht in den Kühlschrank stellen. Danach die Schale entfernen, und die Marmorierung wird sichtbar.

Carsten Dorhs

Herzhaftes Buttermilchparfait

1/2 l Buttermilch erwärmen und 6 Blatt vorgeweichte Gelatine in die Buttermilch geben und darin auflösen. Sobald die Buttermilch beginnt, fest zu werden, 125 ml steif geschlagene Sahne und 100 g gehackte frische Kräuter (z. B. Dill, Petersilie, Schnittlauch, Kerbel, Sauerampfer, Basilikum oder 1 TL Estragon) unterrühren. Mit Salz, weißem Pfeffer und Zitrone abschmecken. Die Masse in eine Kastenform füllen, glattstreichen und abgedeckt 4 Stunden kühl stellen. Zum Parfait eine Kräutervinaigrette reichen und nach Geschmack mit Shrimps garnieren.

Tip: Um das Parfait leichter aus der Form zu stürzen, diese kurz in heißes Wasser stellen. Mit einem Messser, das ebenfalls in heißes Wasser getaucht wird, daumendicke Scheiben abschneiden.

Susanne Vössing

Dickmilch herstellen

Um Dickmilch herzustellen, benötigt man unbehandelte Milch (Rohmilch) aus dem Bioladen oder direkt vom Bauern. Will man Dickmilch mit der handelsüblichen pasteurisierten Milch herstellen, muß man der Milch ein Säuerungsmittel zufügen, da durch die Pasteurisierung die Milchsäurebakterien abgetötet werden. 1 TL Zitrone in einen Teller Milch geben und zugedeckt 2 Tage stehen lassen.

Tip: Probiotische Milch, der die bei der Pasteurisierung verlorengegangenen Milchsäurebakterien wieder zugesetzt werden, eignet sich auch zur Dickmilchherstellung. Probiotische Milch ist sehr bekömmlich.

Sante de Santis

Überkochen der Milch verzögern

Den Topf vor dem Kochen am Rand mit Butter bestreichen. Wenn die Milch nach oben steigt, wird sie durch die Butter wieder nach unten gedrückt. Es muß jedoch beachtet werden, daß die Butter schnell schmilzt und das Überkochen nur verzögert wird. Eine weitere Möglichkeit ist, kurz vor dem Überkochen einen kalten Gegenstand wie z. B. einen Schöpflöffel in den Topf zu geben oder ein Metallsieb auf den Topf zu legen.

Carsten Dorhs

Ausflocken von Joghurt und saurer Sahne

Gibt man Joghurt oder saure Sahne zu heißen Gerichten und kocht sie auf, können sie ausflocken, weil sie nicht fett genug sind. Beim Erhitzen trennt sich das Eiweiß von der Molke. Wenn man Joghurt oder saure Sahne mit etwas Mehl verrührt, wird die Sauce schön cremig und zersetzt sich nicht. Für 1 Becher braucht man 1 gestrichenen TL Mehl. Das Problem des Ausflockens umgeht man, wenn man Crème fraîche oder Crème double verwendet.

Susanne Vössing

Kräuterbutter

1 EL feingeschnittene Kräuter (Petersilie, Schnittlauch, Basilikum, Estragon) mit Zitronensaft, Cayennepfeffer und 1 zerdrückten Knoblauchzehe unter 4 EL weiche Butter rühren, mit Salz und Pfeffer würzen.

Tip: Falls die Kräuterbutter bitter ist, dann kann daran liegen, daß die Zusammensetzung der Kräuter nicht ausgewogen war oder die Stengel der Kräuter mitverwendet wurden.

Kleiner Trick, damit die Butter nicht zerfließt: Butter mit einem Handmixer richtig schaumig schlagen und am Schluß vorsichtig ein Eigelb dazugeben, doch aufpassen, daß sie nicht gerinnt. Danach natürlich Kräuter und Knoblauch dazugeben.

Thies Möller

Buttervariationen

Rotweinbutter: 2 feingehackte Zwiebeln, 1 Lorbeerblatt und etwa 300 ml Rotwein in einem Topf erhitzen. 1 EL Johannisbeergelee und weißen Pfeffer dazugeben und auf 100 ml einreduzieren. Die Flüssigkeit abkühlen lassen und mit 250 g Butter (Zimmertemperatur) mit einem Schneebesen vermischen, bis eine homogene Masse entstanden ist. Die fertige Rotweinbutter in einen Spritzbeutel geben und in Papiermanschetten füllen. Paßt hervorragend zu Rind und Wild.
Limonenbutter: Abrieb und Saft von 2 Limonen, Salz, Pfeffer und frische feingehackte Zitronenmelisse nach und nach mit 250 g zimmerwarmer Butter vermischen. Paßt zu Fisch, Geflügel und Spargel.

Tip: Die Butter auf Zitronenscheiben spritzen und damit Teller dekorieren.

Rainer Mitze

Ghee herstellen

Ghee ist ein in der indischen Küche verwendetes Fett aus geklärter Butter zum Braten, Kochen und Verfeinern der Speisen, das einen leicht ranzigen Geschmack hat. Es kann im Kühlschrank bis zu 1 Jahr aufbewahrt werden. Ghee ist ein reines Butterschmalz ohne Wasser und Eiweiß. Für die Zubereitung brauchen wir 250 g ungesalzene Sauerrahmbutter, die bei mittlerer Hitze zerlassen wird. Dann bei kleiner Hitze leicht kochen lassen.

Wichtig: Die Butter darf dabei nicht anbrennen und auch nicht gerührt werden. Je nach Temperatur und Buttermenge verkocht das enthaltene Wasser in 30–60 Minuten. Das Milcheiweiß setzt sich als weißer Belag am Boden ab. Das Fett sollte goldgelb, aber nicht braun sein. Sobald die Flüssigkeit klar ist und wie Popcorn riecht, ist das Ghee fertig. Dann können Sie es durch ein Mulltuch in ein Glas füllen.

Franz-Xaver Bürkle

Frischkäse zubereiten

250 ml Milch leicht erwärmen (lauwarm, max. 27 Grad), dann 250 ml Buttermilch für die benötigten Bakterienkulturen hinzufügen, damit die Milch gerinnt. Die Masse bei Zimmertemperatur 24 Stunden ruhen lassen. Eine Schüssel mit einem doppelt gelegten, sterilisierten Mulltuch auslegen, die Milch einfüllen und abdecken. Das Mulltuch nach 5 Stunden mit einem Faden zusammenbinden, den Käsebruch kräftig ausdrücken und das Tuch über der Schüssel zum Abtropfen aufhängen. Den Frischkäse etwa 2 Stunden abtropfen lassen, bis er fest ist. Dann den Faden aufschneiden, den Käse auf einen Teller stürzen und das Mulltuch entfernen.

Tip: Ein 2–3 Tage alter Frischkäse läßt sich problemlos zu runden Kugeln formen, die mit einer

Schicht aus Kräutern, Gewürzen oder Nüssen überzogen werden können (z.B. zerstoßene Pfefferkörner, Cayennepulver, Schnittlauchröllchen, Wal- oder Haselnüsse).

Junger Fischkäse ist relativ weich, mit zunehmender Reifezeit verdunstet jedoch die Feuchtigkeit. Auch der Fettgehalt schwankt, da sowohl entrahmte Milch als auch Vollmilch oder sogar Sahne als Grundlage dienen können. Es gibt folgende Fischkäsesorten, die sich durch unterschiedliche Konsistenzen und Geschmacksnuancen auszeichnen: Hüttenkäse ist aus entrahmter Milch und aus Vollmilch, Mascarpone ist ein fettreicher Frischkäse aus Italien, Ricotta ist ein nicht gereifter Molkekäse mit einem milden, fast lieblichen Aroma.

Franz-Xaver Bürkle

Käse einlegen

Frischkäse einlegen: Fester Frischkäse erhält durch eine Marinade ein ganz besonderes Aroma. Basis für eine Marinade ist fruchtiges kaltgepreßtes Olivenöl, durch das der Frischkäse gleichzeitig konserviert wird. Je nach Geschmack Rosmarin, Thymian, Lorbeerblätter, ganze getrocknete Chilischoten, Fenchelsamen und ganze Pfefferkörner in ein Glas mit dem Käse schichten, dann die Käsescheiben vollständig mit Olivenöl bedecken und das Glas gut verschließen. Das Glas in den Kühlschrank stellen und gelegentlich umdrehen, damit sich die Kräuter und Gewürze gleichmäßig verteilen. Man kann den Käse nur wenige Stunden marinieren oder 2–3 Wochen in einem gut verschlossenen Einmachglas einlegen.

Schafskäse einlegen: 400 g Schafskäse würfeln, 1 Zweig Rosmarin, 100 g Oliven, 1 EL getrocknete Chilischoten und 4–5 Lorbeerblätter in ein Glas schichten. Mit Olivenöl bedecken. Kühl stellen und 1–2 Tage durchziehen lassen.

Ziegenkäse einlegen: Ziegenkäsewürfel mit 1 Chilischote, Thymian und einigen Pfefferkörnern in ein Glas geben und ebenfalls mit kaltgepreßtem Olivenöl auffüllen.

Rainer Mitze

Käse richtig lagern

Unverpackter Käse wird am besten unter einer Käseglocke mit einer angeschnittenen Birne als Feuchtigkeitsspender aufbewahrt. Man kann Käse auch mit einem angefeuchteten Leinentuch bedecken. Das Tuch darf jedoch nicht austrocknen. Natürlich kann man den Käse auch in den Kühlschrank ins Käsefach legen.

Tip: Den Käse dann aber eine Stunde vor Verzehr aus dem Kühlschrank nehmen, damit sich die Aromen entfalten können.

Wolfgang Kohlhepp

Käsefondue

Je 250 g Emmentaler und Gruyère reiben und vermengen. Den Boden eines Topfes mit Knoblauch einreiben und 1/2 l Weißwein darin erhitzen. Anschließend den Käse nach und nach unter Rühren einstreuen und zu einer glatten Creme aufkochen. Mit frisch gemahlenem Pfeffer würzen. Weißbrot in Stücke schneiden und in das Fondue tunken.

Tip: Falls das Fondue zu dünnflüssig sein sollte, weil zu viel Wein verwendet wurde, etwas in Kirschwasser angerührte Stärke dazugeben.

Andreas Studer

Raclette

Herkömmliche Raclettegrills bieten Platz für sechs Pfännchen. Raclette ist eine sehr gesellige Angelegenheit, bei der der Phantasie keine Grenzen gesetzt sind. Es gibt speziellen Raclettekäse, der sehr mild ist und mit der Rinde in die kleinen Pfannen gegeben werden kann. Als Raclettekäse eignen sich junge bis mittelalte schnittfeste Käsesorten, z.B. die schweizer Käsesorten Gomser, Forclaz oder Simplon. Zum Käse serviert man je nach Geschmack Pilze, Frühlingszwiebeln, Schinken, Ananas, Chili, frische Kräuter, Kartoffeln u.s.w. Diese Zutaten kann man auch auf die Pfännchen legen und mit den Käsescheiben bedeckt überbacken.

Andreas Studer

Kleine, schnelle Tofu-Rezepte

Tofu-Drink: Tofu, Erdbeeren, Joghurt, Honig und kleingeschrotete Eiswürfel in einen Mixbecher geben und pürieren. In einem Glas anrichten und mit Melisse dekorieren.

Tofu-Quark: Tofu zerkleinern und mit gehackter Paprika, Schnittlauch (je nach Geschmack auch Koriander, Dill, Petersilie o.ä.), Zitronensaft, Pfeffer und Jodsalz vermengen. Den Tofu-Quark in einer ausgehöhlten Tomate anrichten.

Tofu-Bratling: Tofu vor der Zubereitung über Nacht in einer Marinade aus Sojasauce, Zitronensaft, Öl und Knoblauch einlegen. Den vollgesogenen Tofu in Mehl, Eigelb und dann in Sesam wenden und in etwas Öl anbraten. Den Tofu-Bratling zusammen mit Graubrot und Lachs servieren.

Rainer Mitze

Brot im Blumentopf backen

250 g Mehl in eine Schüssel sieben und in die Mitte eine Mulde drücken. 20 g Hefe mit 1 Prise Zucker und 60 ml lauwarmer Milch verrühren und in die Mulde geben. Diese Mischung zusammen mit etwas Mehl vom Rand zu einem Vorteig verrühren, mit etwas Mehl bestäuben und zugedeckt etwa 20 Minuten an einem warmen Ort aufgehen lassen. Inzwischen 1 Zwiebel und ½ Knoblauchzehe schälen und fein hacken. 1 ½ EL geschmolzene Butter mit 1 Ei, 1 Prise Salz, 1 Prise geriebener Muskatnuß, je ¼ TL gehackten Fenschelsamen und gehacktem Rosmarin, ½ TL Anissamen, 1 ½ EL Dill sowie den Zwiebel- und Knoblauchwürfeln verrühren und zum Vorteig geben. Alles zusammen mit dem Mehl zu einem festen Teig verkneten und solange schlagen, bis er Blasen wirft. Den Teig erneut zugedeckt 20 Minuten gehen lassen. Blumentöpfe aus Ton (etwa 6 cm hoch, 5 cm Durchmesser) innen mit Öl auspinseln, jeweils zur Hälfte mit dem Teig füllen und die Töpfe nochmals für 15 Minuten an einen warmen Ort stellen. Die Teigoberflächen mit Salzwasser bestreichen und die Brote im auf 200 Grad vorgeheizten Backofen 35 Minuten backen. Die Gewürzbrote in den Blumentöpfen servieren.

Tip: Das Backen im Blumentopf ist einfach nur eine schöne witzige Idee, das Brot dekorativ zu präsentieren, hat aber für den Backvorgang keine Vor- oder Nachteile.

Wolfgang Kohlhepp

Backen mit Vollkornmehl

Vollkornmehl muß immer mit der gleichen Menge Weizenmehl gemischt werden. Außerdem benötigen Teige aus Vollkornmehl mindestens ein Drittel mehr Flüssigkeit als Teige aus Weizenmehl. Auch sollte man den Vollkornteig immer kräftig kneten, damit sich alle Zuta-

ten gut verbinden. Zu guter Letzt muß dieser Teig länger quellen als der normale.
Und so geht's: 40 g Hefe in eine Schüssel bröckeln. 375 ml lauwarmes Wasser oder Wasser-Buttermilch-Gemisch auf die Hefe gießen. 2 gestrichene TL Salz, 300 g Weizenmehl, 100 g Dinkel- und 100 g Roggenmehl und 1/2 EL Anis, 1 EL Fenchel und 1 EL Kümmel zugeben und zu einem geschmeidigen Teig verkneten. An einem warmen Ort zugedeckt auf das doppelte Volumen aufgehen lassen. Noch einmal kneten und in eine gefettete Brotform füllen. Mit warmem Wasser mit einem Stich Butter bestreichen und mit einem Messer einritzen. Mit Sonnenblumenkernen oder Sesam bestreuen und 30 Minuten im vorgeheizten Ofen bei 200 Grad backen.

Wolfgang Kohlhepp

Zwieback selbstgemacht

20 g Hefe mit etwas lauwarmer Milch verrühren. 3–4 EL Butter zergehen lassen, 1 Tasse Milch zugeben und lauwarm werden lassen. 250 g Mehl in einer Schüssel mit 1/2 TL Salz, 3–4 EL Zucker und 1 Ei mischen. Die aufgelöste Hefe und die lauwarme Milch zugeben und mit einem Löffel durcharbeiten. Nach und nach weitere 250 g Mehl zugeben und zu einem glatten Teig verarbeiten. Den Teig mit etwas Mehl bestreuen und an einem zugfreien Ort zur doppelten Größe gehen lassen. Teig durchkneten, daraus ein Laibchen formen und auf dem Backblech etwa 30 Minuten gehen lassen. Den Teig mit Eigelb bestreichen und bei mittlerer Hitze backen. Am nächsten Tag in Scheiben schneiden und in Zucker wenden. Bei einer Temperatur von 160 Grad etwa 15 Minuten goldgelb rösten. Abkühlen und trocknen lassen und luftdicht verpacken. Zwieback ist etwa 1 Jahr haltbar.

Wolfgang Kohlhepp

Käse-Knäckebrot

220 g Buchweizenmehl, 1/4 l Wasser, 1 TL Salz und etwas Öl zu einem Teig verrühren. Die Schüssel mit einer Frischhaltefolie abdecken und ca. 1/2 Stunde in den Kühlschrank stellen. Danach den Teig ausrollen, auf ein mit Backpapier ausgelegtes Backblech legen und mit geriebenem Käse und Kürbiskernen bestreuen. Anschließend den Teig 30 Minuten bei 150 Grad backen.

Tip: Um das Knäckebrot besser in Stücke brechen zu können, den Teig vor dem Backen entsprechend anritzen.

Susanne Vössing

Grissini selber machen

Einen nicht zu weichen Hefeteig ausrollen und in Streifen schneiden. Die Streifen zu einer dünnen Rolle zwirbeln und auf ein Backblech legen. Den Teig nur ganz leicht aufgehen lassen und dann bei 220 Grad knusprig backen.

Sante de Santis

Gemustertes Brot

Hierzu benötigt man verschiedene Brotsorten, z. B. Toastbrot, Graubrot, Schwarzbrot u.s.w., und dicke Käse- oder Wurstscheiben.

So wird's gemacht: Mit einem Herzausstecher (wie er bei Weihnachtsplätzchen verwendet wird) aus Toastbrot- und aus Graubrotscheiben Herzen ausstechen. Dann wird das Graubrotherz in die Toastbrotscheibe und das Toastbrotherz in die Graubrotscheibe eingesetzt. Jetzt kann aus den beiden Herzen nochmals eine Form, nur etwas kleiner, z. B. ein Stern oder ein Mond, ausgestochen werden und wiederum ein Stern – z. B. aus Käse oder Wurst ausgestochen – eingesetzt werden.

Susanne Vössing

Nudelteig selbstgemacht

Nudelteig von Hand zuzubereiten hat den Vorteil, daß der Teig durch geduldiges Kneten und durch die Wärme der Hände elastisch wird, so daß er sich leicht dehnen und formen läßt. Denn das richtige Kneten des Teiges ist das Wichtigste bei der Herstellung von Pasta und das Geheimnis selbstgemachter Nudeln.

Und so werden die Nudeln auch Ihnen gelingen:
300 g Weizenmehl auf die Arbeitsfläche sieben und in die Mitte eine Mulde drücken. 4 Eier leicht miteinander verschlagen und mit 1 TL Salz und 1 EL Olivenöl vermengen. Diese Mischung in die Mulde geben. Nach und nach etwas Mehl mit den Fingerspitzen unter die Eier mengen. Immer mehr Mehl von den Seiten in die Mitte nehmen und einarbeiten, dabei den Teig mit Hilfe eines Teigschabers gut mischen. Die Zutaten so lange durcharbeiten, bis alle Zutaten vollständig miteinander vermischt sind. Der Teig sollte elastisch und relativ feucht sein, jedoch nicht kleben. Jetzt den Teig durchkneten: dazu ein Ende festhalten und das andere mit dem Handballen wegschieben. Zur Hälfte übereinanderschlagen, um 90 Grad wenden, wieder mit dem Handballen wegschieben u.s.w. Auf diese Weise den Teig 10–15 Minuten weiter kneten, bis er weich und elastisch ist. Vor dem Ausrollen und Schneiden den Teig 1 Stunde abgedeckt ruhen lassen. Man kann den Teig auch in der Küchenmaschine kneten, doch muß man den Teig trotzdem nachher gut durchmischen, da die Maschinen oft die Leistung für die Teigmenge nicht haben.

Tip: Je nach verwendeter Mehlsorte empfiehlt es sich, etwas zusätzliches Öl zum Teig zu geben, damit dieser etwas geschmeidiger wird.

Carsten Dorhs

Nudeln färben

Für gelbe Nudeln 1 g Safran in Wasser auflösen und unter den Nudelteig mischen.

Für grüne Nudeln 225 g frischen Spinat blanchieren, gut ausdrücken und fein hacken. Diesen mit 250 g Mehl, 2 großen Eiern, etwas Salz und 1 EL Öl zu einem Teig verarbeiten.

Für orangefarbene Nudeln 250 g pürierte Möhren anstelle des Spinats einarbeiten. Den fertigen, kalten (wichtig!!) Nudelteig durch eine Nudelmaschine drehen und die Nudeln trocknen lassen.

Rainer Mitze

Ravioli selber machen

Der Teig für gefüllte Nudeln darf nicht zu trocken sein – er sollte so feucht sein, daß er sich gut formen läßt und über der Füllung besser zusammenklebt. Außerdem muß er besonders elastisch und weich sein, damit er sehr dünn ausgerollt werden kann. Deshalb wird der Anteil an Eiern herabgesetzt und statt dessen die nötige Wassermenge zugegeben.

Tip: Der Teig muß nach dem Ruhen sofort ausgerollt und gefüllt werden, damit er nicht zu stark trocknet. Daher soll die Raumtemperatur auch nicht zu warm sein.

Für den Teig 250 g Mehl mit 2 Eiern, etwas Salz, 1 EL Öl und 2 EL Wasser vermischen und gut durchkneten. Den Teig dünn ausrollen und mit einem bemehlten Teigrad mit Zackenrand 10 cm breite Streifen ausradeln. Die Füllung in Häufchen mit 5 cm Abstand darauf verteilen, jedoch nicht mittig, sondern etwa 2,5 cm von der einen Kante entfernt. Jetzt die weiter entfernte Kante über die Häufchen schlagen, so daß ein Schlauch entsteht. Den Teig um die Füllung mit der Handfläche andrücken, um die beiden Teiglagen zu verbinden und möglichst viel Luft herauszudrücken. Mit dem Teigrad zwischen den Häufchen entlang radeln, so daß kleine Quadrate entstehen. Die Ravioli zwischen zwei bemehlten Geschirrtüchern 1 Stunde trocknen lassen, dabei einmal wenden.

Tip: Wenn die Teigränder nicht gut aufeinander haften, mit etwas Wasser oder Eiweiß bestreichen.

Sante de Santis

Ravioli-Füllung

Für die Füllung 100 g gekochten Schinken und 100 g Mortadella fein hacken, mit 150 g magerem Hackfleisch vermengen, 50 g geriebenen Parmesan und 3 Eier zugeben und mit Salz, Pfeffer und Muskatnuß würzen. Die Ravioli in kochendes Wasser geben und herausnehmen, sobald sie oben schwimmen.

Alexander Herrmann

Spaghetti Carbonara

225 g gewürfelten Speck in einer Pfanne rösten, bis er knusprig ist, dann das Fett abgießen. 500 g Spaghetti al dente kochen und zum Speck geben, gut umrühren und vom Herd nehmen. 4 Eigelb mit 100 ml Sahne und 50 g geriebenem Parmesan verrühren, über die Spaghetti geben, rasch mischen, so daß die Nudeln gleichmäßig mit der Eiermischung überzogen sind.

Tip: Damit die Sauce nicht ausflockt, die Nudeln bei geringer Hitze mit dem Speck und der Eiermischung verrühren.

Wolfgang Kohlhepp

Pizzateig selbstgemacht

25 g Hefe in 70 ml lauwarmem Wasser und 1 Prise Zucker auflösen und zugedeckt quellen lassen. 100 g Mehl unter Rühren gründlich untermischen. Sodann 150 ml Wasser, 1 Prise Salz und 1 EL Olivenöl zufügen und gut vermischen. Weitere 100 g Mehl sorgfältig unterarbeiten, bis ein fester Teig entsteht. Den Teig etwa

10 Minuten schlagen und kneten, bis er geschmeidig wird. Zugedeckt 1 1/2–2 Stunden gehen lassen, bis er sein Volumen verdoppelt hat. Den Teig ausrollen, nach Belieben belegen und bei 200 Grad 20 Minuten backen.

Sante de Santis

Polenta

Die Polenta muß geduldig gerührt werden, bis der gegarte Brei aus dem Topf gestürzt und die leckere Kruste herausgehoben werden kann.

Tip: Idealerweise sollte der Topf aus Kupfer, Gußeisen oder Aluminium sein; aber vor allem hoch genug, damit beim Kochen nichts aus dem Topf herausspritzt.

In Italien nimmt man zum Rühren den »bastone«, einen langen Holzspatel. Doch mit einem einfachen, langstieligen Holzlöffel gelingt die Polenta genauso gut.
Und so wird sie gemacht: Im Topf 1 l Salzwasser aufkochen, unter ständigem Rühren nach und nach 250 g Maisgrieß einrieseln lassen. Dabei muß die Temperatur stets über dem Siedepunkt gehalten werden, um Klümpchenbildung zu vermeiden. Wenn der Grieß komplett eingerührt ist, die Temperatur herunterdrehen und die Polenta 30 Minuten leicht köchelnd ausquellen lassen, dabei so oft wie möglich umrühren. Die fertige Polenta auf eine Marmorplatte oder ein großes Holzbrett geben, etwa 4 cm hoch glattstreichen und erkalten lassen. Die abgekühlte und feste Polenta in Scheiben schneiden.

Tip: Wird der Brei beim Kochen zu fest, eßlöffelweise kochendes Wasser zugeben, ist er zu cremig, noch etwas Grieß unterrühren.

Alexander Herrmann

Polenta anrichten

Eine Schicht Polentascheiben in eine gefettete Form legen. Mit etwas zerlassener Butter beträufeln, einige Eßlöffel frisch geriebenen Parmesan darüberstreuen und im vorgeheizten Backofen bei 180 Grad 30 Minuten garen. Die Polenta paßt gut zu Hackfleischragout.

Polenta kann man auch einfärben. Dazu eignen sich Tomatenmark, Karottensaft oder aber auch Kräuter. Je nach Farbwunsch kann man diese während des Kochens zu der Polenta geben.

Tip: Dekorative Formen erhält man, indem man die Polenta in eingeölte Backformen gibt, erkalten läßt und sie dann aus der Form wieder herausnimmt.

Alexander Herrmann

Risotto

Risotto gelingt auf Anhieb, wenn die wichtigste Grundregel befolgt wird: stetig umrühren!! Darüber hinaus braucht man einen richtigen Risottoreis, einen Rundkornreis, dessen Korn von einer weichen Stärke umgeben ist. Diese löst sich beim Kochvorgang auf und wird zum Bindemittel, das die Körner nicht nur zusammenhält, sondern auch mit den Aromen der Zutaten verschmilzt. Deswegen darf man den Risottoreis niemals waschen, damit keine Särke verloren geht. Außerdem braucht man einen guten Kochlöffel und 30 Minuten Geduld!

Und so wird's gemacht: 2 gehackte Zwiebeln, 1 Knoblauchzehe und 1 Thymianzweig bei mittlerer Hitze in Olivenöl anschwitzen.

Tip: Die Zwiebelränder sollten braun werden.

150 g Rundkornreis dazugeben und leicht darin anrösten. Mit 60 ml Weißwein ablöschen und einkochen, bis die Flüssigkeit verschwunden ist. Nach und nach etwa 1/2 l heiße Brühe angießen, dabei stetig rühren, bis die zugegebene Flüssigkeit teils aufgesogen, teils verdampft ist. Zwischendurch Butterstücke zufügen. Wenn der Reis dann den gewünschten Biß hat, Knoblauch und Thymian entfernen. Zum Schluß 50 g geriebenen Parmesan einrühren und den Topf von der Herdplatte nehmen.

Tip: Zum Auflockern geschlagene Sahne oder Bierschaum unterheben.

Ralf Meuser

Kleine Artischockenkunde

Es gibt große, grüne Artischocken mit fleischigen, runden Blättern und dickem Boden, die 350–450 g wiegen. Bei den mittelgroßen, etwa 150 g schweren, länglichen sind der untere Teil der Blätter und das Stielinnere zart und können mitverzehrt werden. Mini-Artischocken, etwa 35 g leicht, mit violetten, spitzen Blättern sind teilweise so zart, daß sie gegart im Ganzen gegessen werden können. Artischocken sind rund oder oval, doch gibt es keinen merklichen Geschmacksunterschied. Beim Kauf sollte man darauf achten, daß die Artischockenblüten prall und unverletzt sind und die Blätter keine braunen Spitzen aufweisen.
Aus dem Saft der Artischocken wird der bekannte Aperitif Cynar bereitet. Die bei uns angebotenen Artischocken stammen vorwiegend aus Italien, Frankreich und Spanien.

__Tip:__ Die beste Zeit, frische Artischocken zu kaufen, ist zwischen Mai und August.

Sante de Santis

Artischocken zubereiten

Artischocken werden hauptsächlich gekocht oder geschmort zubereitet. Dazu das Stielende abschneiden und die Blätterspitzen mit einer Schere kürzen. Die Schuppenblätter leicht auseinanderbiegen und unter fließendem Wasser abspülen. Etwas Zitronensaft auf die Schnittstellen geben. Die Artischocken in einem großen Topf mit reichlich gesalzenem Wasser bedeckt etwa 30–45 Minuten (je nach Größe und Sorte) garen.

__Tip für die Garprobe:__ Ein mittleres Schuppenblatt muß sich ohne Widerstand herausziehen lassen.

Zum Essen zupft man die Blätter ringsum ab und taucht ihr fleischiges Ende in eine kalte Sauce. Nur dieser untere fleischige Rand der Artischockenblätter ist genießbar. Den Boden befreit man mit einem Eßlöffel von dem ungenießbaren Heu und erhält so das Herz. Wenn die Artischocke gefüllt werden soll, müssen das Heu und die inneren Blätter entfernt werden, so daß der Boden freiliegt. Diesen kann man mit herzhaften Pürees oder Krabben füllen. Kleine junge Artischocken können in Öl gebraten und im Ganzen gegessen werden.
Achtung: Artischocken enthalten einen Saft, der Hände und Arbeitsgeräte braun färbt. Spülen Sie daher helle Bretter vorher kalt ab, und reinigen Sie diese sofort nach Ende der Arbeiten.

Tip: *Artischocken dürfen nicht in Gefäßen aus Aluminium bereitet werden. Darin werden sie grauschwarz.*

Ralf Meuser

Gebackene Auberginen

Auberginen (je nach Geschmack auch Zucchini) in Scheiben schneiden und leicht einsalzen, damit das Wasser aus den Auberginen gezogen wird. Nach etwa 1/2 Stunde das Salz abspülen, die Scheiben abtupfen, in Mehl wenden und in ganz heißem Öl in einer Pfanne anbraten. Je nach Geschmack können die Scheiben vor dem Anbraten in Eigelb gewendet werden.

Tip: *Wenn das Öl nicht heiß genug ist, saugt sich die Aubergine mit Öl voll.*

Rainer Mitze

Auberginen einlegen

Eine mittlere Aubergine (etwa 150 g) in Scheiben schneiden, auf beiden Seiten leicht mit Öl einpinseln und in einer Pfanne anbraten. 75 ml Olivenöl in ein Schüsselchen gießen, 1 TL Salz und 2 EL Weißweinessig unterrühren. Einige Auberginenscheiben in ein Einmachglas legen, mit etwas Öl-Essig-Mischung beträufeln, mit Minzeblättchen, etwas Knoblauch, 1 Chilischote und 1 Zitronenscheibe bedecken. Eine

weitere Auberginenlage daraufgeben. Mit etwas Öl beträufeln und dann wie oben beschrieben weiter verfahren. Das restliche Öl zugießen, damit alles bedeckt ist.

Tip: An einem kühlen Platz gelagert, sind die Auberginen ca. 3–4 Wochen haltbar.

Frank Buchholz

Tomaten einlegen

Tomaten in dünne Scheiben schneiden und mit etwas Salz anwürzen, damit ihnen das Wasser entzogen wird. Alternativ die Tomaten vierteln und anschließend entkernen. Sodann im Backofen 5–10 Stunden bei 50–80 Grad trocknen lassen. Im trockenen Zustand in Olivenöl einlegen. Falls die Tomaten nicht getrocknet werden sollen, können sie geviertelt oder halbiert in Olivenöl mit 1 angedrückten Knoblauchzehe, 1 Zweig Thymian und einigen Basilikumblättern eingelegt werden. So sind sie maximal 4 Wochen haltbar.

Alexander Herrmann

Gurken einlegen

2 große Zwiebeln, 2 EL Senfkörner, 3 EL Zucker, 2 Knoblauchzehen, 2 Pfefferschoten, je ein Zweig Dill, Basilikum und Estragon in einem Sud aus 3/4 l Wasser, 1/2 l Weißweinessig und 1 TL Salz kochen. 1 kg kleine Gurken rundherum mit einer Gabel einstechen, in einen Steinguttopf schichten und den heißen Sud darübergießen, luftdicht verschließen. Nach 14 Tagen die Flüssigkeit nochmals aufkochen, abkühlen lassen und wieder über die Gurken gießen. Gut verschließen.

Tip: Man kann die Gurken vor dem Einlegen auch in 1 cm dicke Scheiben schneiden und mit etwas Salz (etwa 50 g) bestreut über Nacht stehenlassen. Zum Ablaufen in ein Sieb schütten und trockentupfen.

Rainer Mitze

Zucchini einlegen

250 g Zucchini gut putzen, waschen und trocknen, die Stielansätze und Spitzen abschneiden und die Zucchini in grobe Stücke oder Scheiben schneiden. Abwechselnd mit Knoblauchzehen in ein Glas schichten. Für den Sud 500 ml Wasser mit 150 ml Weißweinessig, 50 g Salz, 35 g Zucker und 1 TL weißen Pfefferkörnern in einem Topf aufkochen, bis sich der Zucker gelöst hat, auf gut 1/4 l einkochen, sodann heiß über die Zucchinischeiben gießen, so daß sie ganz bedeckt sind. Das Glas verschließen. Am nächsten Tag den Sud abgießen, erneut aufkochen und wieder über die Zucchini gießen.

Tip: So sind die Zucchini etwa 6 Monate haltbar.

Frank Buchholz

Gefüllte Zucchiniblüten

Falls die Zucchiniblüten etwas staubig sind, diese zuerst rasch unter fließend kaltem Wasser waschen, ohne daß sie durchweichen. Vorsichtig trockentupfen. Die langen Stiele auf 2 1/2 cm kürzen.

Als Füllung eignet sich eine Farce aus Fischfilet und Sahne. Siehe z. B. das Rezept für Fischfarce auf Seite 36. Die fertige Farce in einen Spritzbeutel geben und die Zucchiniblüten damit füllen. Dann die Blüten behutsam zusammendrehen und etwa 5 Minuten in heißem Salzwasser pochieren.

Ralf Meuser

Den bitteren Geschmack von Chicorée entfernen

Den Chicorée teilen und den bitteren Kern keilförmig entfernen. Will man daraus Salat bereiten, die Blätter kurz in lauwarmes Wasser einlegen. Zum Kochen den Chicorée in Milch garen oder kurz in Brühe mit einigen Tropfen Zitronensaft blanchieren, das mildert den Bittergeschmack. Durch Zugabe von Zucker beim Kochen käßt sich das Bittere auch etwas ausgleichen.

Wolfgang Kohlhepp

Kohlrabi mal anders verwenden

Die Blätter des Kohlrabi können ebenso wie Blattspinat zubereitet werden. Einfach die Blätter abzupfen, vom Stiel befreien und klein hacken. Die kleingehackten Blätter dann kurz in Olivenöl mit ein wenig Knoblauch anschwitzen. Zum Schluß salzen und pfeffern. Die Blätter des Kohlrabi können auch fein zerhackt als würzende Garnitur über Kohlrabigerichte oder auch andere Gerichte gestreut werden. Das Blattgrün ist reich an wertvollen Vitaminen.

Tip: Zur Verfeinerung von Kohlrabigerichten einfach zum Schluß etwas rohen geriebenen Kohlrabi hinzufügen. Das sorgt für frischen Geschmack.

Ralf Meuser

Paprika von der Haut befreien

Rote und gelbe Paprika waschen, trocknen und 15 Minuten bei 170 Grad auf dem Rost im Ofen, am besten jedoch unter einem starken Grill oder direkt über der Flamme des Gasherds rösten, bis die Haut schwarz wird und Blasen wirft. Die Paprika wenden, bis die Haut rundum verbrannt ist.

Die heißen Paprika in einen Plastikbeutel füllen, fest verschließen und abkühlen lassen. Danach läßt sich die Haut ganz leicht abziehen. Die gehäuteten Paprika in breite Streifen schneiden, Kerne und Scheidewände entfernen und vorsichtig trockentupfen. Mit 1 angedrückten Knoblauchzehe, 1 Prise Salz und Thymian in Olivenöl ansetzen und mindestens 2 Stunden durchziehen lassen.

Tip: Paprika so kurz wie möglich rösten, damit das Fleisch fest bleibt.

Alexander Herrmann

Zwiebeln entschärfen

Die Zwiebeln in Scheiben schneiden und in eine Schale geben. Leicht salzen und 1 Prise Zucker zugeben. Das Ganze vermischen und etwa 20 Minuten stehen lassen. Auf diese Weise erhalten die Zwiebeln ein mildes Aroma.

Alexander Herrmann

Gazpacho

Für diese erfrischende kalte Gemüsesuppe für heiße Sommertage 500 g Tomaten häuten, mit 50 g Semmelmehl und 1 Knoblauchzehe fein pürieren. 1/2 Gurke schälen und grob würfeln, 1 Zwiebel hacken und 1/2 rote Paprika kleinschneiden und ebenfalls pürieren. Mit dem Tomatenpüree mischen, 4 EL Olivenöl und 1 EL Weißweinessig zugeben und mit Salz und Pfeffer abschmecken. Als Einlage je 2 EL in winzige Würfel geschnittene Zwiebeln, Tomaten, Gurken und Paprika in die Suppe geben.

Tip: Eiskalt mit Croûtons bestreut servieren.

Andreas Studer

Tabbouleh

Tabbouleh ist ein Gericht aus dem arabischen Raum mit gequollenem Weizenschrot (Bulgur). 250 g Bulgur mit kaltem Wasser bedecken und 15 Minuten einweichen. Währenddessen 500 g Tomaten waschen und in grobe Würfel schneiden. 1 Gemüsezwiebel schälen und ebenfalls würfeln. 3–4 Knoblauchzehen schälen und durch die Knoblauchpresse drücken. Je 1 Bund glatte Petersilie und Minze waschen, trockentupfen und die Blätter fein hacken. Die Kräuter mit 6 EL Olivenöl und dem Saft 1 Zitrone verrühren und über die Zutaten geben. Den Bulgur in ein Sieb abgießen, abtropfen lassen oder ausdrücken und mit den Zutaten vermengen. Den Salat mit Salz und Pfeffer abschmecken und etwa 1 Stunde durchziehen lassen.

Rainer Mitze

Gemüsesülze

Für die Gemüsesülze werden ewa $^1/_2$ l Gemüsebrühe (oder Fleischbrühe), 6 Blätter Gelatine sowie blanchiertes bzw. fast gar gekochtes Gemüse nach Wunsch (z.B. Sellerie, Tomaten, Blumenkohl, Karotten, Broccoli) benötigt. Die Gelatine in kaltem Wasser einweichen und in die warme Gemüsebrühe einrühren.
Nun das blanchierte Gemüse mit ein paar Kräutern in eine Form geben und mit der Gemüsebrühe auffüllen. Das Ganze in den Kühlschrank stellen und erkalten lassen.

Tip: Um die Sülze einfacher stürzen zu können, die Form vorher kurz in warmes Wasser stellen.

Sante de Santis

Gemüsepuffer

300 g Möhren schälen und 300 g Zucchini putzen und beides grob raspeln. Mit 150 g Mais aus der Dose, 2 Eiern, 3 EL Mehl und 1 EL Haferflocken vermengen und mit Salz würzen. Etwas Öl in einer Pfanne erhitzen und darin die Puffer von beiden Seiten knusprigbraun backen.

Ralf Meuser

Kartoffelpuffer einmal anders

Knoblauch-Kartoffelpuffer: 1 kg geschälte Kartoffeln fein reiben, ausdrücken, mit 4 Eiern, 2 EL Mehl, 5–6 gepreßten Knoblauchzehen und etwas feingehacktem Thymian und Rosmarin vermengen, salzen und pfeffern. In Öl beidseitig ausbacken.
Sesam-Kartoffelpuffer: 1 kg festkochende Kartoffeln raspeln, gut ausdrücken, 2 Eigelb, etwa 1 $^1/_2$ EL Mehl und 30 g geschälte Sesamsaat untermischen und mit Salz und Pfeffer würzen, in Öl knusprig braten.

Tip: Die Menge des zugegebenen Mehls hängt immer vom Wassergehalt der Kartoffeln ab, d. h. ob es alte oder neue Kartoffeln sind.

Ralf Meuser

Kartoffelchips mit Einlage

Eine festkochende Kartoffel in dünne Scheiben schneiden. Jeweils zwischen zwei Scheiben z. B. ein Kerbelblatt (es kann auch Basilikum oder Petersilie verwendet werden) legen. Das Ganze in eine Friteuse geben und bei 200 Grad goldbraun fritieren.

Tip: Die Kartoffelchips eignen sich als Beilage oder sind ein idealer kleiner Snack.

Ralf Meuser

Kartoffelknödel

750 g am Tag zuvor gekochte Kartoffeln pellen, durch ein Sieb drücken oder zerstampfen und mit 50 g Semmelbröseln, 2 Eiern, Salz und geriebener Muskatnuß mischen und mit so viel Mehl verkneten, daß ein fester Teig entsteht. Mit bemehlten Händen Klöße formen, diese ins kochende Wasser geben und gar ziehen lassen. Das Wasser sollte leicht sprudeln. Die Klöße sind fertig, wenn sie oben schwimmen. Mit einem Schaumlöffel herausnehmen und abtropfen lassen.

Tip: Knödel fallen auseinander, wenn man zuviel Flüssigkeit verwendet hat oder wenn zuwenig Ei bzw. kein oder zuwenig Mehl im Teig enthalten war. Erst einen Probekloß machen, dann entweder etwas Mehl zugeben oder die Knödel vor dem Kochen in Mehl wälzen.

So werden die Klöße nicht matschig: einen Teller verkehrt in die Servierschüssel legen. Unter diesem Teller sammelt sich das abtropfende Wasser, die Knödel behalten ihre Form, weichen nicht auf und werden durch den aufsteigenden Dampf warm gehalten.

Franz-Xaver Bürkle

Leichter Kartoffelsalat

Hier zwei Kartoffelsalatvariationen, die ohne Mayonnaise zubereitet werden:
800 g festkochende Kartoffeln waschen und mit der Schale kochen. Noch heiß schälen, in dünne Scheiben schneiden und in eine Schüssel geben. 1 Zwiebel schälen, fein würfeln und zusammen mit 1 EL Weißweinessig und 200 ml Brühe aufkochen. Diesen Zwiebelsud sofort über die Kartoffelscheiben gießen. Mit Salz und Pfeffer würzen und 3 EL Sonnenblumenöl dazugeben. Die Kartoffeln so lange vorsichtig in der Schüssel schwenken, bis die Flüssigkeit aufgesaugt ist. Den Salat einige Minuten durchziehen lassen, mit feingehackter Petersilie bestreuen und lauwarm servieren.
Variation: Man kann den Salat mit Speck, Gurken verfeinern. Für die edle Variante die Kartoffeln wie oben beschrieben zubereiten, den Salat kalt werden lassen und dann mit Petersilie, Scampis oder Lachs verfeinern: Zum Kartoffelsalat 150 g in grobe Streifen geschnittenen, geräucherten Lachs oder alternativ 150 g vorgegarte Shrimps geben, mit etwas Zitronensaft beträufeln und ein wenig Öl zufügen. Mit Salz und Pfeffer abschmecken.

Tip: Den Salat nicht mit Salatbesteck mengen, sondern die Schüssel schwenken.

Rainer Mitze

Pilze einmachen

100 g Zwiebeln in Öl anschwitzen und 1 kg Pilze hinzufügen. Mit 10 g Salz und etwas Pfeffer würzen. Die austretende Pilzflüssigkeit vollständig einkochen lassen und erst ganz zuletzt mit feingehackter Petersilie bestreuen. Die Pilze in Gläser schichten und mit Olivenöl auffüllen. Sie müssen vollständig bedeckt sein. Zum Einmachen eignen sich folgende Pilze: Champignons, Shii-Take-Pilze, Pfifferlinge und Steinpilze.

Tip: Man kann eine Sorte Pilze einmachen oder verschiedene mischen.

Alexander Herrmann

Pilze trocknen

Frische Steinpilze (oder andere Pilze) in Scheiben schneiden und auf ein Rost legen. An einem trockenen Ort (Heizungskeller o.ä.) trocknen lassen. Das Trocknen ist auch im Ofen möglich. Bei 80 Grad für etwa 1/2 Tag in der Röhre lassen. Die getrockneten Pilze in einer luftdicht verschlossenen Dose aufbewahren.

Und so werden sie verwendet: Die Pilze in eine Brühe geben und aufkochen lassen. Der Geschmack der Pilze geht auf diese Weise in die Brühe über. Damit lassen sich Saucen verfeinern, denn getrocknete Pilze entwickeln einen sehr intensiven Geschmack.

Tip: *Die Pilze können auch in eine Pfeffermühle gefüllt werden, um mit den gemahlenen Pilzen Speisen abzuschmecken oder Risotto u.ä. zu würzen.*

Carsten Dorhs

Pilzcarpaccio

Für ein Pilzcarpaccio eignen sich sehr gut Cremechampignons und weiße Champignons, aber auch Shii-Take-Pilze und Steinpilze. Die Stempel der Champignons entfernen und mit einem Tuch abreiben (Waschen ist i.d.R. nicht nötig). Die Pilze in gleichmäßige feine Scheiben schneiden und auf einem Teller anordnen. Tomatenwürfel und feingehackte Zwiebeln mit Rotweinessig und Olivenöl vermischen und über die Pilze geben. Zum Schluß je nach Geschmack würzen.

Rainer Mitze

Fisch & Meeresfrüchte

Fisch garen

Die meisten Fische werden in einer Flüssigkeit kurz unterhalb des Siedepunktes pochiert, da bei dieser sanften Garmethode das zarte Fleisch am besten bewahrt wird und saftig bleibt. Große ganze Fische pochiert man traditionell in einer Courtbouillon (siehe Küchenlatein Seite 103). Kleine Portionsfische legt man in den heißen Sud und läßt sie in wenigen Minuten gar ziehen. Ein größerer Fisch wird kalt aufgesetzt und dann erst erhitzt, beginnend bei schwacher Temperatur bis unter den Siedepunkt. Das ist wichtig, denn würde man den großen Fisch in einen heißen Sud legen, würden die äußeren Schichten bereits gar oder sogar trocken, während das Fleisch innen noch roh ist. Für größere Fische eignet sich ein Fischkessel mit Sieb, so daß er sich nach dem Pochieren gut herausheben läßt und auf Küchenkrepp oder dem Gitterrost abtropfen kann.

Tip: Der Fisch ist gar, wenn sich die Flossen leicht herausziehen lassen. Bei großen Fischen rechnet man pro 2,5 cm Dicke etwa 10 Minuten, sobald das Wasser leicht sprudelt.

Thies Möller

Fisch blau kochen

Blau kochen ist eine Methode, um ganze Süßwasserfische wie Forellen, Saiblinge, Lachsforellen oder Karpfen nährwertschonend, fettarm und optisch ansprechend zuzubereiten.

Und so wird's gemacht:
Den Fisch, ohne ihn zu schuppen, ausnehmen, vorsichtig waschen und nur von innen, nicht von außen salzen. Dann mit

1/2 l kochendheißem Essigwasser übergießen, der Zugluft aussetzen, in kochendes Salzwasser legen und bei milder Hitze garziehen lassen.

Tip: Das Blauwerden wird von der Schleimschicht verursacht. Deshalb den Fisch vorsichtig waschen, damit die Schleimschicht nicht verletzt wird.

Frank Buchholz

Zander zubereiten

Die Stacheln des Zanders mit einer Schere abschneiden. Den Fisch filetieren und mit einem Papiertuch trockentupfen. Anschließend die Oberseite in Streifen einschneiden, so daß der Zander beim Anbraten kross bleibt. Mit Zitrone einreiben, salzen und in Mehl wälzen. In einer Teflonpfanne bei großer Hitze mit der Hautseite zuerst anbraten. Die Hitze reduzieren und einmal wenden.

Rainer Mitze

Fisch in der Papierhülle

Diese Technik bezeichnet man nach dem französischen Ausdruck für Papierhülle als »en papillote«. Der Fisch wird dadurch behutsam gegart, er bleibt schön saftig und erhält durch Kräuter, Gemüse und Weißwein während des Garens zusätzliches Aroma.

Und so geht's: Aus Backpapier, Pergamentpapier oder Alufolie eine Herzform ausschneiden, die rundum 5 cm größer ist als der Fisch. Mit Öl einfetten, den Fisch (im Ganzen oder als Filet) auf eine Papierhälfte legen, je 4 Koriander- und Petersilienzweige, feine Streifen von 2 Möhren und 4 EL Weißwein zugeben. Die andere Papierhälfte über den Fisch klappen und an den Rändern einrollen, um den Fisch vollständig zu umhüllen. Die Papierhülle mit dem Fisch auf ein Backblech legen und bei 180 Grad 15–20 Minuten backen. Der Fisch ist gar, wenn sich das Pergamentpapier braun verfärbt und sich wie ein Ballon aufbläht.

Tip: Das Papier darf nicht zu knapp bemessen sein, da die Hülle sonst platzt.

Wolfgang Kohlhepp

Fisch im Bierteig

Für den Teig 1 Eiweiß steif schlagen. 100 g Mehl, 1 EL Öl und das Eigelb, eine Prise Salz und 1/8 l herbes Bier mischen, das steif geschlagene Eiweiß unterheben und den Teig 1/2 Stunde ruhen lassen. 800 g Fischfilet in Stücke schneiden und in einer Mischung aus Zitrone, feingehackter Petersilie und feingehackter Zwiebel marinieren. Die Fischstücke salzen, durch den Teig ziehen und im tiefen Fett ausbacken.

Tip: Ist der Teigmantel nicht aufgegangen, kann das mehrere Gründe haben: der Teig wurde nicht genüg verrührt oder zu kurzzeitig aufgeschlagen; oder es wurde zuviel Mehl verwendet oder zu alte Eier. 1 Messerspitze Backpulver hilft hier.

Frank Buchholz

Fisch in der Salzkruste

2 kg grobes Meersalz mit 4 leicht geschlagenen Eiweiß vermischen, ggfs. wenig Wasser zugeben. Eine Schicht Salz auf die Alufolie im Backblech legen, den ganzen Fisch (z.B. Forelle oder Dorade von 1,5 kg) auflegen, mit dem restlichen Salz den Fisch gut umhüllen, dabei das Salz leicht andrücken. Bei 250 Grad im Ofen etwa 30 Minuten garen. In der Salzkruste auf den Tisch bringen, erst dann aufklopfen.

Tip: Garen im Salzmantel ist eine schonende Garmethode. Dadurch, daß der Fisch luftdicht eingeschlossen ist, behält er seine feinen Aromastoffe, und das Fleisch bleibt zart und saftig.

Sante de Santis

Fischfarce

Für eine Fischfarce 1 Zwieback mit 3 EL Sahne durchfeuchten, mit 1 Eiweiß und 250 g Zanderfilet und 1 kleingehackten Zwiebel im Mixer pürieren oder durch das feine Sieb des Fleischwolfs drehen. Mit Salz und Pfeffer abschmecken und 15 Minuten im Kühlschrank kühlen. Für Klöße mit zwei Eßlöffeln Nocken abstechen und ins siedende Wasser geben. Oder die Masse in eine Spritztülle geben und z. B. Zucchiniblüten damit füllen (siehe Seite 27).

Tip: Die Farce muß gekühlt werden, da das Eiweiß sonst gerinnt.

Susanne Vössing

Lachsklößchen

500 g frischen Lachs ohne Haut, Fett und Gräten mit 2 Eiweiß, 300 ml Sahne und ein wenig Salz und Pfeffer in einen Mixer geben und das Ganze zu einer Farce mixen. Nun mit zwei Löffeln durch wechselseitiges Abstreichen Nocken aus der Farce formen. Auf einem eingefetteten Sieb über einem Wasserbad ca. 3–4 Minuten dämpfen.

Tip: Die Konsistenz kann geprüft werden, indem eine kleine Menge der Farce in ein heißes Wasserbad gegeben wird. Wenn sie nicht zerfällt, ist die Farce gelungen.

Sante de Santis

Räucherfischfarce

500 g Räucherlachs mit Salz und Cayennepfeffer, 1 Eiweiß und 1 Spritzer Zitrone pürieren. 100 ml Weißwein mit 2 Blatt Gelatine erwärmen, bis sich die Gelatine aufgelöst hat, abkühlen lassen und unter die Fischmasse arbeiten. Kühl stellen und zum Schluß 200 ml geschlagenen Sahne unterheben.

Frank Buchholz

Fisch-Terrine

400 g Forellenfilets in Würfel schneiden und mit 1 TL Salz, etwas Pfeffer, je 1 Messerspitze Koriander und Cayennepfeffer, 1 Ei und 300 g Schlagsahne im Mixer pürieren. 150 g Sahne steif schlagen, unter die Fischmasse ziehen und kühl stellen. Einen Topf mit Salzwasser zum Kochen bringen, von der Flamme nehmen, 250 g Seeteufelfilet hineingeben und 2 Minuten pochieren. Danach den Fisch auf Küchenpapier abtropfen lassen. 2 Mangoldblätter kurz in kochendem Wasser blanchieren, mit Küchenkrepp trockentupfen und die Rippen entfernen. Das Seeteufelfilet in die Mangoldblätter wickeln. Eine Kastenform mit gebutterter Aluminiumfolie auslegen. Die Fischfarce zur Hälfte in die Form füllen, die Fischpäckchen in die Mitte legen und die restliche Farce darüberstreichen. Die Folie über dem Ganzen zusammenlegen. Die Terrine im Wasserbad im auf 120 Grad vorgeheizten Backofen etwa 1 Stunde garen. Die fertige Terrine aus dem Ofen nehmen, abkühlen lassen und in den Kühlschrank stellen.

Tip: Für die Garprobe einen Metallspieß in die Mitte stecken. Nach 30 Sekunden muß er sich heiß anfühlen.

Ralf Meuser

Tips zu Miesmuscheln

Miesmuscheln muß man vor der Zubereitung unbedingt auf Beschädigungen hin untersuchen. Muscheln mit zerstörter Schale sind normalerweise schon abgestorben und sollten auf keinen Fall verzehrt werden. Bei bereits geöffneten Muscheln kann man durch leichtes Klopfen auf die Schale oder durch die Reizung des Muschelinneren mit einem Pinsel feststellen, ob die Muscheln noch leben. Schließt sich die Muschel auf solch eine Reizung, ist sie noch lebendig. Hat man die Muscheln geprüft und die schlechten aussortiert, muß man die Muscheln mit einer Bürste unter fließend kaltem Wasser gut putzen. Dabei den Bart (das kleine Fädchen, das aus der Muschel herausragt) herauszupfen.

Tip: Gereinigte Muscheln kann man in gesalzenem kaltem Wasser im Kühlschrank höchstens 1 Nacht aufbewahren.

Franz-Xaver Bürkle

Moules à la marinière

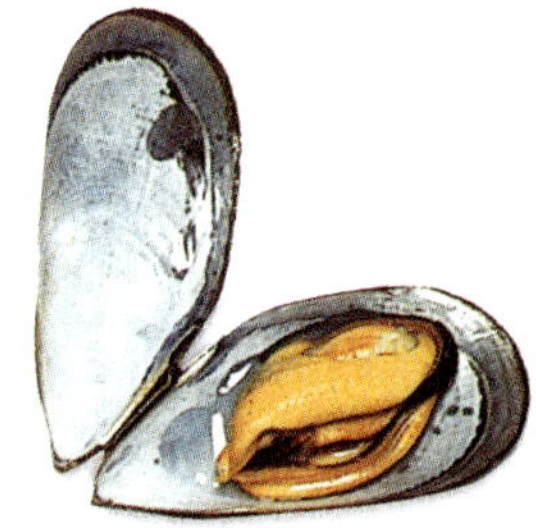

4 kleingehackte Schalotten und 2 gehackte Knoblauchzehen in 50 g Butter in einem großen Topf anschwitzen. Mit 300 ml trockenem Weißwein angießen, 1 EL frisch gehackte Petersilie hinzufügen und das Ganze erhitzen. 2 kg frische Miesmuscheln dazugeben und bei geschlossenem Deckel etwa 6 Minuten dämpfen, bis alle Muscheln geöffnet sind, dabei ab und zu umrühren. Die Muscheln herausnehmen und in einem Sieb abtropfen lassen. Die aufgefangene Flüssigkeit in den Topf zurückgeben und etwas einkochen lassen. Nach Geschmack mit Sahne verfeinern. Den Sud über die Muscheln geben und mit gehackter Petersilie bestreut servieren.

Tip: Nach dem Kochen ungeöffnete Muscheln unbedingt wegwerfen!

Andreas Studer

Krustentiere: wie unterscheiden sie sich?

Krabbe: Hier gibt es mindestens 12 eßbare Vertreter in der großen Krabbenfamilie, wobei bei uns der Taschenkrebs am häufigsten vorkommt. Im Handel kann man sowohl lebende als auch gekochte Tiere kaufen. Das Fleisch ist im Aroma dem Hummer ähnlich, kostet aber weniger.

Garnelen und Shrimps: In Deutschland werden Nordseegarnelen auch häufig als Krabben bezeichnet.
Nordseegarnelen werden sofort nach dem Fang auf dem Kutter gekocht. Die Schale wird unter leichtem Drehen von dem Schwanzfleisch abgezogen.
Garnelen, auch als Prawns oder Shrimps bezeichnet, können je nach Lebensgebiet eine Größe bis zu 15 cm erreichen.
Scampi (Kaisergranat): Sind eng mit dem Hummer verwandt, werden nur etwa 25 cm groß und haben weißes, festes Fleisch. Sie werden im Handel auch unter den Bezeichnungen Tiefseehummer, Tiefseekrebs oder Langoustine angeboten.
Der Kaisergranat hat schlanke Scheren mit wenig Fleisch. Frische, gekochte Schwänze werden in der Kruste angeboten, ausgelöste tiefgefroren oder in Dosen.

Tip: Die Frische der Garnelen und Scampi erkennt man am Geruch: verdorbene Ware riecht nach Chlor.

Riesengarnelen: Sie können bis zu 30 cm lang werden und haben einen schmalen, nach hinten spitz zulaufenden Schwanz. Sie kommen roh oder vorgekocht als Kühl- oder Tiefkühlware auf den Markt. Sie werden auch unter der spanischen Bezeichnung Gambas auf dem Markt angeboten.
Languste: Die Languste ist mit dem Hummer verwandt, hat jedoch keine Scheren, statt dessen sehr lange Fühler. Langusten werden 20–50 cm lang und erreichen ein Gewicht von etwa 1 kg. Nur ihr Hinterleib enthält Fleisch.
Frische Langusten erkennt man am gekrümmten Schwanz.

Hummer: Der Hummer lebt auf felsigem Meeresgrund in Küstennähe.
Er ist mit einer Länge von 35–45 cm und

einem Gewicht von 500–800 g am schmackhaftesten. Hummer wird lebend, tiefgefroren oder sein Fleisch in Dosen angeboten.

Tip: wichtig beim Kauf lebender Krustentiere: Sie müssen sich beim Händler im Seewasserbassin artgemäß bewegen oder hochgehalten mit den Beinen kräftig rudern. Tiere, die einen geschädigten oder sterbenden Eindruck machen, dürfen nicht mehr verzehrt werden, da sie dann bereits gesundheitsschädlich oder giftig sein können. Die Schwänze von gesunden Hummern, Langusten und Flußkrebsen müssen fest an den Bauch geklemmt sein.

Flußkrebse: Sie sehen wie kleine Hummer aus, leben aber im Süßwasser. Sie werden etwa 15 cm lang. Im Handel werden sie lebend-frisch oder die Schwänze tiefgefroren und in Dosen angeboten.

Susanne Vössing

Fischragout aus getrocknetem Fisch

Den getrockneten Fisch mindestens 2 Tage in kaltem Wasser einweichen, damit reichlich Salz entzogen wird. Das Wasser mindestens fünfmal wechseln. Anschließend den Fisch in Stücke schneiden und in Olivenöl anbraten. 2 gehackte Zwiebeln, 1 Knoblauchzehe, 2 EL Tomatenmark, 2 Zweige Thymian (oder Rosmarin), eine Handvoll Oliven ohne Steine und Pfeffer hinzufügen. Mit 200 ml Geflügel- oder Fleischbrühe ablöschen und ein wenig einkochen lassen. Wenn das Ragout einreduziert ist, auf Wirsingblättern anrichten.

Tip: Salz ist im Fisch reichlich enthalten, so daß auf das Nachsalzen unbedingt verzichtet werden sollte.

Rainer Mitze

Garstufen beim Steak

Bei der Steakzubereitung werden drei Zustände unterschieden:
blutig (engl. = rare, frz. = saignant): Das Steak hat eine braune Kruste, ist innen rosa und im Kern noch roh und blutig. Bratzeit für ein 200-g-Steak: pro Seite ca. 2 Minuten.
rosa (engl. = medium, frz. = à point): Das Steak hat eine braune Kruste und ist innen rosa. Bratzeit für ein 200-g-Steak: pro Seite ca. 3–4 Minuten.
durch (engl. = well done, frz. = bien cuit): Das Steak ist innen ganz durchgebraten. Bratzeit für ein 200-g-Steak: pro Seite ca. 5 Minuten.

Alexander Herrmann

Garprobe beim Steak

Es gibt verschiedene Arten, die Garstufe eines Steaks zu testen, ohne es zu zerschneiden: Eine Möglichkeit ist, mit dem Daumen das Steak zu drücken. Dieses Gefühl vergleicht man dann mit dem Druck des Daumens auf den Handballen zwischen Daumen und Zeigefinger an der anderen Hand. Entspricht das Gefühl dem Gefühl bei entspanntem Handballen, d.h. man fühlt keinen Widerstand, ist das Steak blutig; entspricht es aber mehr dem Gefühl bei angespanntem Handballen, d.h. es fühlt sich elastisch an, ist das Steak rosa. Man kann auch eine Nadel in das Steak stecken. Die Temperatur wird geprüft, indem die Nadel an die Haut zwischen Kinn und Unterlippe gehalten wird. Fühlt sich die Nadel lauwarm an, ist das Steak blutig; fühlt sich die Nadel heiß an, ist das Steak rosa; ist die Nadel sehr heiß, so ist das Steak durch.

Sante de Santis

Fleisch zart machen

Papaya, Kiwi und Ananas enthalten Enzyme, die Eiweiß spalten. Dadurch wird das Fleisch zart. Das Fleisch mit einer dieser Früchte einreiben oder eventuell über Nacht in püriertem Fruchtfleisch einlegen.
Eine andere Möglichkeit ist, das Fleisch in einer Marinade aus Rotwein, Wurzelgemüse, Lorbeerblättern und Kräutern 1–2 Tage einzulegen. Diese Marinade kann dann auch als Bratenfond verwendet werden.

Auch das Einlegen in Öl mit Zwiebeln, Knoblauch, Pfefferkörnern, Lorbeerblättern und Rosmarin macht Fleisch ebenfalls zart, jedoch sollte man es wenigstens 1 Tag ziehen lassen.
Wenn man das Fleisch durchs warme (nicht heiße) Bratenfett zieht und dann einige Tage stehen läßt, beginnt das Fleisch unter dem hartgewordenen Fett zu reifen. Die Schicht bildet eine Schutzhülle, und das Fleisch wird zarter.
Nicht zuletzt kann man Fleisch durch Weichklopfen zarter machen. Damit das Fleisch beim Klopfen nicht spritzt und zerreißt, das Stück zum Plattieren zwischen zwei Frischhaltefolien legen.

Tip: Das Fleisch sollte vor dem Zubereiten nicht zu früh gesalzen werden, da Salz das Fleisch zäher macht.

Ralf Meuser

Kotelett richtig vorbereiten

Damit das Kotelett gleichmäßig brät, das Fleisch am dicken Ende des Knochens einschneiden. Denn der Knochen hält die Hitze ab, und das Kotelett ist an dieser Stelle noch rosa, während es sonst schon durch ist. Wenn das Kotelett einen Fettrand hat, diesen vor dem Braten mehrmals einschneiden. Dadurch wird verhindert, daß sich das Fleischstück in der Pfanne wölbt und ungleichmäßig brät.

Tip: Gute Fleischqualität erkennt man u.a. an der Farbe: Das Fleisch sollte rosa und feinfaserig sein und einen gleichmäßigen Fettrand haben.

Alexander Herrmann

Kotelett panieren

Eine Panade sorgt dafür, daß die Hülle knusprig ist und das Fleisch innen aber schön saftig bleibt. Das Fleisch erst in Mehl wälzen, gut abklopfen und dann durch ein aufgeschlagenes, mit Salz und Pfeffer gewürztes Ei ziehen. Sodann in Semmelbröseln wenden. Statt der traditionellen Semmelbröselpanade kann man auch Kokosraspeln, zerdrückte Cornflakes oder eine Mischung aus Semmelbröseln und geriebenen Mandeln verwenden. Diese Panaden in nicht zu heißem Fett braten, sonst kann die knusprige Hülle leicht verbrennen.

Tip: Das Kotelett vor dem Panieren nicht salzen, denn Salz entzieht dem Fleisch Flüssigkeit, und es wird zäh. Panade haftet besser am Fleisch, wenn ihr noch etwas Öl zugegeben wird.

Alexander Herrmann

Fleisch würzen

Das Kotelett in eine Marinade aus Olivenöl, Zwiebelringen, Knoblauchscheiben und Pfefferkörnern, Rosmarin, Oregano oder Thymian geben, je nach Geschmack auch Chilischoten. Das Fleisch ab und zu in der Marinade wenden und über Nacht zugedeckt kühl stellen. Die Marinade würzt das Fleisch und macht es zarter.

Tip: Wenn keine Zeit für das Marinieren bleibt, kann man das Fleisch einfach mit gepreßtem Knoblauch einreiben und dann braten.

Wolfgang Kohlhepp

Wiener Schnitzel

Qualitativ hochwertiges Kalbfleisch (möglichst Filet) plattieren. Das Fleisch sollte höchstens 3–4 mm dick sein, je dünner das Filet ist, um so besser. Das Fleisch leicht salzen, pfeffern und in Mehl wälzen. Das Filet erst in 1 verquirlten Ei und dann in Semmelbröseln

wenden. Eine Pfanne mit Fett erhitzen und das Schnitzel pro Seite 2 Minuten braten. Mit Zitronenscheiben und Petersilie servieren.

Tip: Das Mehl gut abklopfen, da es lediglich die Funktion hat, daß das Ei am Fleisch haften bleibt.

Andreas Studer

Leber richtig braten

Die Leber von Fettansätzen und Adern befreien, bei Rinder- oder Schweineleber die Haut mit einem spitzen Messer vorsichtig einritzen, durch Unterfahren mit dem Daumen lösen und anschließend abziehen. Um zu vermeiden, daß Leber trocken wird, sollte man sie in Milch legen und anschließend mit wenig Mehl bepudern. So kann es beim Braten nicht spritzen, und es bildet sich eine schützende Hülle um die Leber. Die Leber unter häufigem Wenden in Margarine oder Butterschmalz braten. Erst zum Schluß salzen und pfeffern, nochmals wenden und noch heiß servieren.

Tip: Leber auf keinen Fall vor dem Braten salzen. Salz entzieht der Leber Flüssigkeit, und sie wird beim Anbraten hart.

Susanne Vössing

Geflügelleber auf Feldsalat

500 g Feldsalat gründlich waschen, trockenschleudern und mit einem Dressing aus 2 EL Öl und 2 EL Balsamessig beträufeln. 300 g Geflügelleber trockentupfen, in Scheiben schneiden, in Butter kurz anbraten und über den angerichteten Feldsalat verteilen.

Tip: Über den Salat in Butter geröstete Toastbrotwürfel streuen.

Ralf Meuser

Methoden des Bindens

Will man entbeinte Fleischstücke zum Braten oder Schmoren zu einem Rollbraten binden, zum Bardieren

verwendete Speckstreifen um einen Braten gewickelt befestigen oder gefüllte Braten zusammenhalten, so nimmt man hierfür Küchengarn.
Für die einfache Bindetechnik das Küchengarn in Längsrichtung um das Fleisch binden, dann verknoten und die Enden abschneiden. So kann sich das Fleisch weder zur Seite noch nach oben biegen. Nun quer dazu im Abstand von etwa 2 cm kürzere Stücke Küchengarn um das Fleisch schlingen, verknoten und die Enden abschneiden. Will man das Fleisch in eine gleichmäßige Form bringen, sollte man dünnere Partien lockerer und dickere fester verschnüren.

Tip: Das Binden bringt die Fleischstücke in Form, dadurch gart das Fleisch gleichmäßig.

Alexander Herrmann

Variationen von Rouladenfüllung

1. Variation: Eine Füllung aus angeschwitzten Zwiebeln, ansautiertem Speck, in Streifen geschnittenen Essiggurken und etwas Petersilie anfertigen. Je mehr Essiggurken verwendet werden, desto säuerlicher schmeckt die Roulade.
2. Variation: Kleingeschnittener Bacon, gewürfelte Möhren und Paprika, gewürzt mit Majoran.

3. Variation: Gehackte Frühlingszwiebeln, gepreßter Knoblauch, kleingehackte Peperoni, gewürzt mit Curry und Ingwer.
4. Variation: Mit Senf bestreichen, gehackte Schalotten, Speck und Thymian darauf geben.

Tip: Die Füllung auf dem plattierten Fleisch verteilen und seitlich einschlagen. Sodann einrollen und mit einem Zahnstocher zusammenstecken. Die Roulade in Mehl wälzen und in Butter rundherum anbraten. Vorsichtig heißes Wasser zugießen und bei kleiner Hitze zugedeckt schmoren lassen. Von Zeit zu Zeit verkochtes Wasser ersetzen.

Susanne Vössing

Filet Wellington

Etwa 800 g Rinderfilet rundherum in Butter scharf anbraten und abkühlen lassen. 1 EL gehackte Schalotten in 30 g Butter und 1 EL Öl anschwitzen, 250 g feingehackte Champignons zugeben und mitschwitzen lassen, mit 1 Schuß Madeira ablöschen, 1 TL Tomatenmark zugeben, alles einkochen lassen und mit Salz, Pfeffer und gehackter Petersilie würzen. Einen Blätterteig zu einer dünnen rechteckigen Platte ausrollen, die Füllmasse auf dem Teig verteilen. Darauf das angebratene Rinderfilet legen. Die Ränder des Teiges mit Eigelb bepinseln und umschlagen, damit das Filet vollständig eingepackt ist. Die Oberseite mit Eigelb bestreichen. Zur Dekoration ein Rautenmuster aus dünnen Blätterteigstreifen obenauf legen. Im Ofen bei 180 Grad etwa 20 Minuten backen.

Tip: *In der Hülle bleibt das Fleisch schön saftig und wird gut warm gehalten.*

Sante de Santis

Russischen Borschtsch zubereiten

Mit Rindfleisch eine Rinderbrühe kochen. Anschließend das Rindfleisch in Würfel schneiden. Etwas Schweineschmalz in einem Topf erwärmen, und die folgenden Gemüse kleingeschnitten darin andünsten: 150 g Weißkohl, 150 g Sellerie, 100 g Lauch, 70 g Petersilienwurzel und 150 g Rote Bete. 1 EL Tomatenmark zugeben, das Ganze etwas anschwenken, bis das Gemüse glasig wird. Dann mit der Rinderbrühe auffüllen und bei schwacher Hitze kochen, bis das Gemüse (fast!!) gar ist. Nun das Rindfleisch und etwas gewürfelten Speck zugeben und gar kochen. Zum Schluß etwas Rote-Bete-Saft hinzugießen.

Tip: *Auf jeden Teller Borschtsch 1 EL Schmand geben.*

Ralf Meuser

Schweinehaxe kross braten

Schweinefleisch mit Schwarte von der Keule mit Salz und einer mit 1 Lorbeerblatt und 2 Nelken gespickten Zwiebel fast gar kochen (je nach Größe etwa 1 1/2 Stunden). Anschließend die Schwarte gitterartig einschneiden und das Fleisch mit einer Marinade aus Bier, Öl, Paprika, etwas Salz und Kräutern der Provence einpinseln. Sodann im Ofen bei 220 Grad weitere 20 Minuten kross backen.

Thies Möller

Sauerbraten richtig marinieren

Aus 1/4 l Wasser, 1/4 l Rotwein, 1/8 l Weißweinessig, 2 geviertelten Zwiebeln, 1 TL Senfkörnern, 4 Wacholderbeeren, 2 Nelken, 1 Lorbeerblatt, 20 Pfefferkörnern und 1/2 TL Salz eine Marinade herstellen, in einen Topf füllen und kurz aufkochen. Abkühlen lassen und 1 kg Rindfleisch darin einlegen und unter gelegentlichem Wenden mindestens 5 Tage liegen lassen. Das Fleisch herausnehmen, mit Küchenkrepp trocknen und mit Salz und Pfeffer würzen. In sehr heißem Fett von allen Seiten gut anbraten, mit etwa der Hälfte der Marinade ablöschen und 1 1/2 Stunden zugedeckt schmoren lassen. Das Fleisch herausnehmen, den Sud durch ein Sieb in den Topf gießen, mit 100 g Rosinen und 3 EL Sahne unter ständigem Rühren aufkochen und mit 1 EL Mehlbutter (Mehl und Butter 1:1 gemischt) sämig rühren.

Tip: Echt rheinisch wird die Sauce, wenn man sie mit 100 g zerbröseltem Honigkuchen sämig rührt.

Frank Buchholz

Kräuterhaube für Schweine- oder Rinderfilet

600 g Filet in einem Bräter kräftig in Öl anbraten, herausnehmen und mit Mehl bestäuben. Für die Kräuterkruste 1 Eiweiß steif schlagen, 3 Bund gemischte, gehackte Kräuter nach Wahl, 1 feingehackte Zwiebel und 3 EL Semmelbrösel dazugeben und das Ganze vermengen. Mit Salz und Pfeffer würzen und die Kräuter-

masse auf das Filet auftragen. 1 Zwiebel hacken, im Bratfett rösten, mit 100 ml Weißwein ablöschen, das Fleisch daraufsetzen und bei 200 Grad im Ofen 25–30 Minuten fertig braten.

Tip: Durch das Eiweiß bleiben die Kräuter auf dem Fleisch haften, die Masse bekommt einen besseren Halt und rutscht nicht vom Fleisch.

Rainer Mitze

Spareribs

Für die Marinade 2 kleingehackte Zwiebeln glasig anschwitzen. 4 EL Ketchup, etwas Wasser, 1 Schuß Essig, 3 EL Zucker, 2 EL Senf, ein paar Spritzer Zitronensaft und etwas Chilipulver dazugeben. Das Ganze verrühren und ca. 3–4 Minuten köcheln lassen. Die Rippchen salzen und pfeffern, mit der Fleischseite nach oben im vorgeheizten Ofen bei 200 Grad 15 Minuten braten. Anschließend die Rippchen mit der Marinade bestreichen und noch etwa 30 Minuten braten. Währenddessen die Rippchen alle 10 Minuten mit der Marinade bestreichen.

Alexander Herrmann

Verhindern, daß Bratwürste platzen

Entweder die Bratwurst vor dem Braten mit einer Nadel anstechen, oder die Bratwurst in kalte Milch tauchen. Anschließend die Bratwurst trockentupfen, in Mehl wenden und in die Pfanne geben. Mit etwas kleingeschnittenen Zwiebeln steigt die Chance, daß die Bratwurst nicht platzt.

Carsten Dorhs

Fleischbrühe

350 g Ochsenfleisch und 250 g Rinderknochen mit 1 Zwiebel, 1 Gewürznelke, 1 Lorbeerblatt und 1 TL Salz in 2 l Wasser kalt aufsetzen und langsam zum Kochen bringen. Den sich bildenden Schaum ständig abschöpfen und die Suppe auf kleiner Flamme 1 1/2 Stunden im offenen Topf leicht köchelnd garen.

Erst zum Ende der Garzeit 1 Bund Suppengrün (Lauch, Karotte, Sellerie) dazugeben. Sodann die Fleischbrühe abseihen und die Knochen entfernen. Das Fleisch und das Gemüse kleinschneiden, in die Suppe zurückgeben und noch einmal gut erwärmen.

Tip: Damit die Brühe nicht trübe wird, Fleisch und Knochen vor der Verarbeitung gut waschen. Die Fleischteile am besten vor dem Auskochen blanchieren.

Sante de Santis

Fleischbrühe mit Haube

2 EL Weinbrand, 100 g geriebenen Parmesan und 1 Bund gehackte Petersilie zu 3/4 l klarer Fleischbrühe geben, erhitzen und in feuerfeste Suppentassen füllen. 4 Scheiben aufgetauten Blätterteig auf der bemehlten Arbeitsfläche dünn ausrollen. Runde Scheiben ausschneiden, die etwa 3 cm größer als der Durchmesser der Suppentasse sind. Die Ränder der Tassen mit verquirltem Eiweiß bepinseln, die Blätterteigscheiben darauflegen und am Tassenrand festdrücken. Den Teigdeckel mit verquirltem Eigelb bestreichen und mit etwas Käse bestreuen. Bei 225 Grad etwa 12 Minuten knusprigbraun überbacken. Die Blätterteig-Käse-Haube lösen und zur Fleischbrühe servieren.

Thies Möller

Markklößchen

Markknochen erwärmen, so daß das Mark leicht herauszudrücken ist. Das Mark auslassen, und mit 1 Ei, etwas Salz, 1 EL Semmlbröseln und so viel Mehl verrühren, daß ein geschmeidiger Teig entsteht. Mit Kräutern verfeinern. Gemüsebrühe im Topf mit wenig Salz erhitzen. Mit zwei Teelöffeln Klößchen formen und in der Brühe erhitzen, bis die Klöße an der Oberfläche schwimmen.

Andreas Studer

Fleisch im Brot backen

Für den Brotteig 25 g Hefe in 125 ml warmem Wasser auflösen, mit 500 g Mehl, 1 Prise Salz und weiteren 150 ml Wasser zu einem glatten Teig kneten. Zugedeckt an einem warmen Ort gehen lassen. Etwa 1 kg Kasseler am Stück in Fett anbraten und mit Senf bestreichen. Den Teig ausrollen, mit blanchierten Spinatblättern belegen, das Fleisch darauflegen und im Teig einwickeln. Im Ofen bei 180 Grad etwa 40 Minuten backen.

Tip: Mit der Gabel einige Löcher in den Teig stechen, damit das Fleisch unterm Teig atmen kann.

Carsten Dorhs

Carpaccio

Von Haut und Sehnen befreites Rinderfilet in Frischhaltefolie und Alufolie einwickeln. Im Eisfach anfrieren lassen. Nun können mit einem scharfen Messer ganz feine Scheiben abgeschnitten werden. Die Scheiben dann auf einem Teller anrichten, salzen und pfeffern, mit nativem Olivenöl beträufeln und mit Parmesan bestreuen.

Tip: Zum Carpaccio paßt wunderbar Rucola-Salat.

Rainer Mitze

Vitello tonnato

600 g Kalbsnuß in einem Topf in einer Marinade aus 3/4 l Weißwein, je 1 grob zerkleinerten Selleriestange, Karotte und Zwiebel sowie 1 Lorbeerblatt und 2 Gewürznelken zugedeckt 24 Stunden durchziehen lassen. So viel Wasser angießen, daß das Fleisch gerade bedeckt ist, zum Kochen bringen, 1 TL Salz zugeben und bei geringer Hitze etwa 1 Stunde gar ziehen lassen. Im Sud auskühlen lassen. 1 Dose Thunfisch ohne Öl, 3 kleingeschnittene eingelegte Sardellenfilets, 2 Eigelb und 2 EL Kapern mit dem Saft von 1/2 Zitrone und 2 EL Weißweinessig im Mixer fein pürieren, dann einige EL von der Kalbsbrühe und etwa 200 ml Olivenöl nach und nach einfließen lassen. Zu einer sämigen Sauce rühren, mit Salz und Pfeffer

abschmecken. Das Kalbfleisch in ganz dünne Scheiben schneiden, auf einer Platte anrichten und mit der Thunfischsauce gleichmäßig bedecken. Mit Kapern bestreut servieren.

Tip: Das fertige Vitello tonnato abgedeckt 3–4 Stunden durchziehen lassen.

Sante de Santis

Hähnchen dressieren

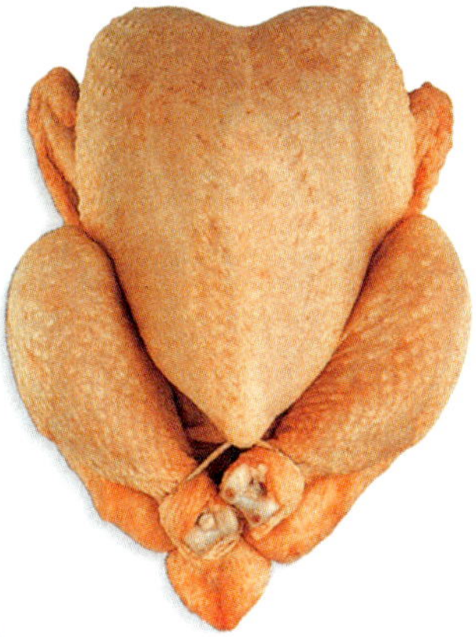

Das Dressieren sorgt dafür, daß der Vogel eine gleichmäßige Form erhält und die Füllung an ihrem Platz bleibt. Kleine Geflügel wie Stubenküken, Rebhuhn, Fasan, Moorschneehuhn und Wachteln an den Schenkeln mit Küchengarn zusammenbinden, dann das Garn um den Rumpf wickeln, um die Flügel festzubinden. Größere Tiere wie Hähnchen oder Poularden mit der Brust nach oben auf die Arbeitsfläche legen; dann mit einem Küchengarn von etwa 1 m Länge in der Mitte eine Schlaufe formen und diese um den Schwanz legen. Die Garnenden kreuzen und um die Keulenenden ziehen, erneut kreuzen und zuziehen, so daß die Keulenenden fest beieinander und nah an der unteren Körperöffnung sitzen. Das Garn jeweils seitlich an den Schenkeln vorbei bis zu den Flügeln führen. Diese nun von unten her einschlaufen, das Garn nach oben führen, wieder kreuzen und straff ziehen. Zum Halsende führen und dort mit einem festen Knoten schließen.

Tip: Durch das Zusammenbinden liegen Keulen und Flügel dicht am Körper an und können beim Braten nicht verbrennen.

Wolfgang Kohlhepp

Große Geflügel dressieren

Hierzu benötigt man Küchengarn und eine Dressiernadel, damit das Geflügel eine kompakte Form erhält.
Und so wird's gemacht: Den Vogel mit dem Rücken auf die Arbeitsfläche legen und die Keulenenden bis zur Brustmitte nach unten biegen. Die Dressiernadel mit

dem Küchengarn an dem einen Gelenk einführen und so durch den Vogel stechen, daß sie am anderen Gelenk wieder austritt. An der Einstichstelle sollten etwa 10 cm Küchengarn herausschauen. Die Flügel unter das zweite Gelenk stecken, die Nackenhaut über die Halsöffnung legen und die Dressiernadel durch beide Flügel und die Nackenhaut stechen. Den Vogel auf die Seite legen, die Garnenden fest verknoten und die überstehenden Garnenden einkürzen. Die Nadel quer durch das Schwanzende stechen, dabei wieder 10 cm Garn stehen lassen, dann erst durch den einen Unterschenkel, durch die Brust und danach durch den anderen Unterschenkel stechen. Die beiden Enden des Küchengarns verknoten und die überstehenden Garnenden abschneiden.

Tip: Im Fachhandel gibt es Dressiernadeln in unterschiedlicher Länge, für kleines und großes Geflügel. Man sollte darauf achten, daß die Nadel durch beide Keulen und den Rumpf paßt.

Frank Buchholz

Wiener Backhähnchen

Hähnchenteile mit Salz und Pfeffer würzen und in Mehl, Ei und gemahlenen Semmelbröseln wälzen. Anschließend in der Friteuse etwa 8 Minuten ausbacken.

Carsten Dorhs

Hähnchen à la Dorhs

Das Hähnchen mit Salz und Pfeffer würzen. 2 EL Honig mit 2 EL Malzbier vermengen und das Hähnchen damit einstreichen. Anschließend in der Pfanne rundherum anbraten und mit der Pfanne in den auf 220 Grad vorgeheizten Backofen schieben. Alle 4 Minuten wenden und erneut einstreichen. Die gesamte Backzeit beträgt 12 Minuten.

Tip: Durch das Bestreichen mit der Honigmischung bleibt das Hähnchen schön saftig.

Carsten Dorhs

Gefüllte Poulardenbrust

2 Stücke Poulardenbrust leicht plattieren und mit blanchierten Mangoldblättern belegen. Eine Farce aus 100 g Hühnerfleisch, 80 ml Sahne, Salz und Pfeffer herstellen und die Poulardenbrust damit bestreichen. 1 Geflügelleber in Butter ansautieren, mit Rotwein ablöschen und weichkochen. Die Leber auf die Farce streichen und nochmals Farce darüber geben. Die beiden Stücke Poulardenbrust zusammenklappen und mit einem Schweinenetz umwickeln. Etwa 25 Minuten bei 180 Grad im Ofen garen, dabei öfter mit dem Bratfett bestreichen.

Tip: Schweinenetz hält die Teile zusammen, ist jedoch geschmacksneutral.

Thies Möller

Coq au vin

1 Hähnchen säubern und in 6–8 Teile schneiden. 150 g gewürfelten durchwachsenen Speck in 2 EL Öl und etwas Butter anbraten. 15 kleine Champignons und 2 kleingehackte Zwiebeln zufügen und gut anrösten. Aus der Pfanne nehmen und die Hähnchenteile mit einer Knoblauchzehe darin rundum bräunen. Das Gemüse wieder zugeben, mit etwas Mehl bestäuben und nach und nach 1/2 l Rotwein angießen. 1 kleingeschnittene Karotte, 1 Zweig Thymian, 1 Stange Lauch und 1 Lorbeerblatt zugeben, mit Salz und Pfeffer würzen und auf kleiner Flamme 50 Minuten köcheln lassen.

Tip: Zum Verfeinern die Schale einer Orange 5 Minuten in Wasser kochen und zum Hähnchen geben.

Susanne Vössing

Füllung für eine Gans

Eine herkömmliche Füllung besteht aus ungeschälten, entkernten Äpfeln, wahlweise mit Backpflaumen, Zwiebeln oder Kastanien gemischt. Bei der verfeinerten Variante werden geschälte Perlzwiebeln leicht angebraten, bis sie rot-braun sind. Die Backpflaumen werden in Madeira eingeweicht und dann mit den Äpfeln, Beifußkraut, Pfeffer und Salz zu den Zwiebeln gegeben. Alles gut anbraten, abkühlen lassen und die Gans füllen.

Tip: Man rechnet etwa 500 g Äpfel und 500 g Pflaumen für eine Gans.

Franz-Xaver Bürkle

Entenbrust à l'orange

Die Fettschicht der Entenbrust zunächst rautenförmig einschneiden. Dann die Entenbrust mit Salz und Pfeffer würzen, in der Pfanne beidseitig anbraten und im Ofen bei 180 Grad fertig braten. Nach dem Garen die Entenbrust aus der Pfanne nehmen, das Fett abgießen, im Bratensatz 1 EL Zucker karamelisieren lassen, mit 1 Schuß Rotwein ablöschen und mit dem Saft von 2 Orangen einkochen, salzen und pfeffern. Nun noch etwas geriebene Orangenschale und die abgetropften Filets von 1 Orange zugeben und die Sauce mit 30 g kalter Butter aufmontieren.

Tip: Durch das Einscheiden der Fettschicht kann das Fett auslaufen, und die Haut wird schön kross.

Alexander Herrmann

Asiatische Knusperente

2 Entenbrustfilets à 300 g säubern und die Hautseite mit Salz einreiben. In ganz wenig Öl mit der Hautseite nach unten etwa 15 Minuten bei mittlerer Hitze in der Pfanne braten. Sodann die Filets wenden und etwa 6 Minuten weiterbraten. 2 EL Honig mit 1 TL Essig verrühren und die Haut damit bepinseln. Die Filets mit der Hautseite nach oben unter den Grill oder in den auf 250 Grad vorgeheizten Backofen schieben und knusprig braten.

Frank Buchholz

Saucen binden

Mit Brot: Frische Brotwürfel oder Brotscheiben einweichen, ausdrücken und im Mixer pürieren, somit werden sie glatt und geschmeidig. Zur Sauce geben.

Tip: Keine Semmelbrösel verwenden, da diese die Flüssigkeit nicht aufnehmen und die Sauce nicht gebunden wird.

Mit Butter: Die eingekochte Sauce vom Herd nehmen, eiskalte Butterstückchen mit dem Schneebesen zügig unterschlagen (montieren), bis die Sauce leicht schaumig wird.

Tip: Die so gebundene Sauce sofort servieren.

Mit Eigelb und Sahne: 1 Eigelb mit 2 EL Sahne verrühren, den Topf vom Herd nehmen und die Mischung mit einem Schneebesen in die Sauce schlagen.
Mit Stärkemehl: Kartoffelstärke mit etwas kaltem Wasser verrühren und in die Sauce geben, leicht aufkochen lassen.

Tip: Für 1/2 l Sauce benötigt man ca. 1 EL Stärke.

Mit Mehl: Für die klassische Mehlschwitze (auch Einbrenne oder Roux genannt) 30 g Butter erhitzen, bis sie schäumt, dann 30 g Mehl hineinsieben, bis zur gewünschten Farbe unter ständigem Rühren mit einem Schneebesen schwitzen lassen, dann mit Wasser oder Brühe ablöschen. Je stärker die Mehlschwitze angeröstet wird, desto intensiver werden Farbe und Geschmack der Sauce.

Tip: Es können sich Klümpchen bilden, wenn die Einbrenne zu heiß ist und zu viel heiße Flüssigkeit auf einmal zugegeben wurde. Daher die Flüssigkeit unbedingt nach und nach zugeben und immer erst zu einer homogenen Masse rühren, bevor weitere Flüssigkeit zugegeben wird.

Achtung: Wenn die Schwitze zu braun wird, kann sie leicht verbrennen.
Mit Mehlbutter: 20 g weiche Butter mit 1 EL Mehl gut verkneten und portionsweise in die heiße Sauce rühren.

Tip: Die Sauce darf nicht mehr kochen.

Mit Sahne, Crème fraîche oder Crème double: Saucenfond oder Bratensaft mit 1 Becher Sahne einkochen.
Bindung ohne Bindemittel: Durch Einkochen wird die Flüssigkeit reduziert, dadurch dickt die Sauce ein.

Andreas Studer

Dunkle Sauce

Gehackte Kalbs- und Schweineknochen im Fett anbraten. Grobgehackte Zwiebeln zufügen und eine Zeitlang mitrösten. Den Bratensatz mit 1 Schuß Brühe lösen, mit 300 ml Rotwein und 750 ml Fleisch- oder Gemüsebrühe auffüllen und auf 500 ml einkochen lassen. Die Knochen entfernen und mit Kartoffelstärke (dickt nicht nur an, sondern gibt gleichzeitig Glanz) binden.

Tip: Wenn die Sauce noch dunkler sein soll, kann man einige Tropfen Zuckercouleur hinzufügen.

Frank Buchholz

Béchamelsauce

Aus 80 g Butter und 80 g Mehl eine helle Mehlschwitze (siehe Seite 56) bereiten. 1 1/4 l Milch aufkochen und in die Butter-Mehl-Liaison einrühren. Mit 1 kleinen Zwiebel, 1 Lorbeerblatt, Salz und 1 Prise Muskatnuß würzen. Bei kleinster Hitze 15–20 Minuten einkochen lassen, dabei aufpassen, daß die Sauce nicht anbrennt.

Tip: Als Variation die Béchamelsauce mit 1 Eigelb und etwas geriebenem Parmesan verrühren.

Sante de Santis

Eiersauce

4 Eigelb und 1/4 l Flüssigkeit (je nach Geschmack Gemüse-, Fleischbrühe oder Wein) in einer Schüssel im heißen Wasserbad aufschlagen. Die Sauce mit Salz, Wermut, 1 Spritzer Zitronensaft, Tomatenmark, Senf oder gehackten Kräutern würzen. Diese Sauce ist eine leichte Alternative zur Buttersauce und paßt vorzüglich zu gedünstetem Gemüse, Rindfleisch oder Spargel.

Tip: Die Sauce nur bei milder Hitze aufschlagen; das Wasser darf nicht kochen, sondern nur leicht brodeln.

Franz-Xaver Bürkle

Eiersauce ohne Wasserbad

Diese warme Eiersauce, die ohne Herd wie eine Mayonnaise aufgeschlagen wird, ist einfach und ganz schnell zubereitet: 2 frische Eigelb mit 2 EL Wasser, Weißwein oder Fond cremig schlagen, salzen und pfeffern und heiße geklärte Butter (150 g) unterrühren.

Rainer Mitze

Aromatische Buttersaucen

Estragonbuttersauce: 1 TL gezupften Estragon in 160 g geklärte, erhitzte Butter geben und kurz ziehen lassen. Mit einem Schuß Weißwein ablöschen und kochen, bis der Wein verdampft ist. Mit Salz würzen.

Tip: Paßt zu hellem Gemüse und zu gekochtem Fisch.

Orangenbuttersauce: 1 unbehandelte Orange heiß waschen und hauchdünn abschälen. Die Schale in feine Streifen schneiden. Die Orange auspressen, und die Schale mit dem Saft und etwas Weißwein weich kochen. 100 g geklärte Butter erhitzen, mit dem Saft und den Schalen vermischen. Mit Salz abschmecken.

Tip: Paßt zu Spargel, Geflügel und Fischen mit kräftigem Eigengeschmack.

Thies Möller

Tomaten-Chili-Sauce

1 gehackte Schalotte mit 2 kleinen Chilischoten in 1 TL Öl andünsten. 200 g zerkleinerte Tomaten und 50 ml Gemüsebrühe zufügen und aufkochen. 1 TL Butter mit 1 TL Mehl verkneten, in die Sauce rühren und noch einmal aufkochen. Mit Salz, Pfeffer, Zucker und Balsamessig abschmecken.

Tip: Diese Sauce paßt sehr gut zu Pasta oder kalt als Dip zu gegrilltem Fleisch.

Rainer Mitze

Butter klären

250 g Butter bei mittlerer Hitze schmelzen und einmal aufkochen. Vom Herd nehmen und stehen lassen, damit sich das Butterfett vom Molkeanteil (Wasser und Eiweiß) trennen kann. Das klare Butterfett abgießen.

Tip: Das Klären macht die Butter hitzebeständiger und verhindert, daß eine Buttersauce ausflockt.

Thies Möller

Süß-saure Sauce

200 g Zucker hellblond schmelzen, mit 100 ml Weißweinessig ablöschen, 3 gepreßte Knoblauchzehen, 2 EL Ketchup und 1 kleine rote Chilischote (halbiert) zugeben, mit 1 TL kalt angerührter Stärke binden und mit Salz abschmecken.

Frank Buchholz

Erdnußsauce

50 g geröstete Erdnüsse, 1/4 l Kokosmilch, 1 EL Honig, 1 EL in Streifen geschnittener Ingwer, 100 ml Portwein und 1 EL Zucker zusammen aufkochen lassen und pürieren. **Variation:** Die Erdnüsse im Mixer zerkleinern, alle Zutaten zugeben und zu einer dicken Creme verrühren. In einem Topf etwa 10 Minuten köcheln lassen. Wenn nötig mit 1 Prise Salz verfeinern.

Tip: Diese Sauce paßt sehr gut zu Ente.

Rainer Mitze

Grüne Sauce

Die Salsa verde ist eine kalte italienische Sauce, die zu gekochtem Fisch gereicht wird.

Und so wird sie gemacht: Das Innere von 3 Brötchen in eine Schüssel geben und mit so viel Essig übergießen, daß die Krumen gut durchfeuchtet sind. 2 Bund Petersilie hacken und mit 1 EL Kapern, 2 kleingehackten Sardellenfilets und 1 durchgepreßten Knoblauchzehe mischen. Von 1 hartgekochten Ei das Eigelb durch ein Sieb drücken und mit dem ausgedrückten Brot vermengen. Die restlichen Zutaten unterrühren und das kleingehackte Eiweiß zufügen, mit Salz und Pfeffer abschmecken. Zuletzt 1/2 Glas Olivenöl zugießen, bis eine sämige Sauce entsteht.

Tip: Die kräftige grüne Farbe frischer Kräutersaucen verblaßt mit der Zeit und wird grau und matt. Wenn man anstatt Essig Zitronensaft in die Sauce gibt, bleibt das Grün erhalten, denn das in den Zitronen enthaltene Vitamin C wirkt wie ein Konservierungsmittel.

Franz-Xaver Bürkle

Metaxasauce

2 TL Instantbrühe in 200 ml heißem Wasser auflösen. Etwas in kaltem Wasser angerührte Stärke zur heißen Brühe geben und unter Rühren kurz aufkochen. Die Sauce vom Herd nehmen und 20 ml Metaxa und 1 Becher Schmand unterrühren. Mit gehackten Zwiebeln unter Gyrosfleisch geben. Je nach Geschmack kann man das Gyros mit Käse belegen und im Ofen überbacken.

Tip: Will mann die Sauce lange im voraus zubereiten, sollte man auf die Brühe besser verzichten, weil dann die Würze aus dem Gyrosfleisch in die Sauce zieht.

Susanne Vössing

Kalbsknochenfond

1 kg Kalbsknochen kleinhacken, in 1 l kaltem Wasser aufsetzen, zum Kochen bringen und abschäumen. Salz, 1 Lorbeerblatt, 1 Zweig Thymian, etwas Tomatenmark sowie 1 kleines Stück Sellerie, 1 Karotte und 1 Stück Lauch dazugeben. 2–3 Stunden bei mittlerer Hitze durchkochen lassen und in einen Topf passieren.

Tip: Der Fond kann portioniert eingeforeren werden, z.B. in Joghurtbechern. Er wird zum Verfeinern von Saucen verwendet.

Frank Buchholz

Klarer Tomatensaft

Tomaten mit 1 Prise Salz, 1 gepreßten Knoblauchzehe und einigen Basilikumblättern in einen Mixer geben und grob pürieren. Das Püree auf ein Tuch geben, das Tuch zusammenbinden, über einem Topf aufhängen und den Tomatensaft heraustropfen lassen. Aus dem Tomatensaft können klare Tomatensuppe oder auch Fonds hergestellt werden.

Tip: Das Tuch locker an einem Löffelstiel aufhängen, auf keinen Fall quetschen.

Sante de Santis

Mayonnaise selbstgemacht

3 frische Eier trennen und das Eigelb in eine Schüssel geben. 1 TL Senf dazugeben, salzen und leicht pfeffern (am besten mit weißem Pfeffer). Ein paar Tropfen Zitronensaft dazugeben und das Ganze zu einer Emulsion verrühren. Unter ständigem Rühren etwa 120 ml Pflanzenöl mit feinem Strahl dazugießen, bis eine dickliche homogene Masse entsteht.

Tip: Falls die Emulsion gerinnen sollte, 1 TL lauwarmes Wasser dazuschütten und umrühren.

Wolfgang Kohlhepp

Remoulade selbstgemacht

Zunächst eine Mayonnaise herstellen. In die fertige Mayonnaise feingehackte Zwiebeln, gehackte Essiggurke, Petersilie (oder andere Kräuter), Kapern und je nach Geschmack gehackte Sardellen hinzufügen. Mit Salz und Pfeffer abschmecken und z.B. auf Roastbeef oder gebackenem Fisch servieren.

Alexander Herrmann

Dips

Dips sind dickliche kalte Saucen, pikante Käsecremes und Mayonnaisemischungen zum Eintunken von kleinen Fleischstücken, knackigem Gemüse und anderen kleinen Happen wie Kräcker und Kartoffelchips.

Joghurt-Chili-Dip: 150 g Sahnejoghurt und 50 g Salatmayonnaise verrühren und dann 2 gehackte Chilischoten und Petersilie unterheben. Mit Zitronensaft, Salz, Pfeffer und Zucker abschmecken.

Tip: Schmeckt sehr lecker zu gebratenem oder rohem Gemüse.

Avocado-Orangen-Dip: Das Fleisch 1 Avocado mit der Gabel fein zerdrücken, den Saft 1 Orange und 1 Spritzer Zitrone hinzugeben, mit etwas Knoblauch, Salz, Pfeffer und Kreuzkümmel würzen.

Knoblauch-Kräuter-Creme: 150 g Crème fraîche und 150 g saure Sahne glattrühren. 1 Spritzer Zitrone, 1 gepreßte Knoblauchzehe dazugeben und mit 1 Bund gemischten Kräutern (Schnittlauch, Petersilie, Kerbel), Salz und Pfeffer würzen.

Tip: Paßt gut zu Rindfleisch und gebackenen Kartoffeln.

Carsten Dorhs

Linsen-Paprika-Dip

100 g kleine Linsen (am besten Puj-Linsen) unter Hinzugabe von Knoblauch und etwas Brühe weichkochen. 1/2 grüne Paprika bei 180 Grad etwa 10 Minuten im Ofen garen, damit sich die Haut leicht abziehen läßt. Die gekochten Linsen abschütten und zusammen mit den enthäuteten Paprika, 50 g Parmesan, 30 g Champignons aus der Dose und 1 kleinen Bund gehackter Petersilie, 1 Becher Joghurt, 2 EL Weißwein, 1 EL Essig, Salz und Pfeffer in einen Mixer geben und verrühren.

Tip: Den Dip in einer aufgeschnittenen und ausgehöhlten Paprika servieren.

Carsten Dorhs

Guacamole

Das Fleisch von 2 Avocados mit 1/2 Zwiebel, 2 Knoblauchzehen, 1 großen reifen Tomate, 1 Spritzer Zitrone, 2 grünen Chilischoten und 1 EL frischem Koriander, Salz und Pfeffer im Mixer pürieren.

Tip: Schmeckt super auf Weißbrot.

Andreas Studer

Aioli

Für diese Knoblauchmayonnaise 4 geschälte Knoblauchzehen zerdrücken, 1 Prise Salz, Pfeffer und 1 Eigelb zugeben und nach und nach in feinem Strahl 1/4 l Olivenöl zugießen. Solange mit dem Schneebesen rühren, bis eine dickliche Paste entstanden ist. Zum Schluß den Saft 1/2 Zitrone unterrühren.

Tip: Eigelb und Öl müssen die gleiche Temperatur haben. Wenn der Dip zu dickflüssig geworden sein sollte, kann er mit etwas Weißwein verdünnt werden.

Carsten Dorhs

Fleischloser Brotaufstrich

Avocado-Brotaufstich: Von 1 Avocado das Fruchtfleisch auslösen, mit einer Gabel zerdrücken und mit Zitronensaft beträufeln, mit Salz und Pfeffer würzen. Auf Weißbrot, Toast oder Knäckebrot streichen. Je nach Geschmack zusätzlich mit Kräutern bestreuen, feingehackte Zwiebeln oder gewürfelten Schinken untermischen oder mit Lachsstreifen belegen.

Tip: Avocado sind reich an Vitaminen und Mineralstoffen. Sie enthalten nur ungesättigte Fettsäuren, die den Cholesterinspiegel senken.

Paprikaquark: Je 1 grüne und rote Paprikaschote waschen und halbieren, entkernen und fein würfeln. 1 Schalotte häuten und fein hacken. 500 g Quark verrühren und mit allen Zutaten mischen. Mit 1 Bund gehacktem Schnittlauch, 100 g Kapern, Paprika edelsüß, Salz und Pfeffer abschmecken.

Tip: Ist nicht nur als Brotaufstrich geeignet, sondern paßt auch wunderbar zu Pellkartoffeln.

Möhren-Haselnuß-Butter: 100 g Möhren schälen und kleinschneiden. Mit 50 g gerösteten Haselnüssen und 50 g Butter pürieren.

Susanne Vössing

Tarama

50 g Toastbrot ohne Rinde in eine Schüssel geben, etwas Milch dazugießen, daß die Scheiben gut durchfeuchtet sind. Überschüssige Milch wegschütten. 200 g geräucherten Kabeljau- oder Dorschrogen mit 2 gepreßten Knoblauchzehen zu den eingeweichten Toastscheiben geben. Das Ganze mit dem Saft von 1 1/2 Zitronen pürieren und 120 ml Olivenöl zugießen. Mit Cayennepfeffer bestreuen. Den Tarama vor dem Servieren 4–5 Stunden in den Kühlschrank stellen. Dazu heißes Fladenbrot reichen.

Tip: Ist das Püree zu dick, etwas Wasser zugeben.

Wolfgang Kohlhepp

Tapenade

250 g schwarze Oliven entsteinen und mit 100 g Sardellen, 100 g Kapern und 2 Knoblauchzehen im Mixer pürieren. Nun nach und nach 4 EL Olivenöl eingießen, bis eine sämige Masse entsteht. Mit Pfeffer abschmecken und mit 1 Lorbeerblatt und 1 Thymianzweig würzen.

Tip: Diese Olivenpaste hält sich im Kühlschrank aufbewahrt mehrere Wochen. Man serviert sie auf gerösteten Weißbrotscheiben zum Aperitiv.

Sante de Santis

Pesto

2 Knoblauchzehen mit 100 g Basilikumblättern, 2 EL Pinienkernen mit 1 großen Prise Salz sowie 8 EL Olivenöl im Mixer zu einer sämigen Paste rühren. In eine Schüssel umfüllen und mit der Hand 70 g geriebenen Parmesan unterrühren.

Tip: Wenn das Pesto mit den Nudeln vermischt werden soll, die Sauce mit 1–2 EL vom heißen Kochwasser verdünnen.

Sante de Santis

Bouquet garni

Dies ist ein klassisches Kräuterbündel, bestehend aus Petersilie, Thymian, 1 Lorbeerblatt, evt. noch 1 Stück Lauch und 1 Stück Sellerie. Mit Küchengarn zusammengebunden, wird es als Würze für Suppen, Eintöpfe und andere langsam garende Gerichte verwendet.

Susanne Vössing

Fines herbes

Diese Kräutermischung besteht in der klassischen Zusammensetzung aus Petersilie, Kerbel, Schnittlauch, Estragon, evt. Basilikum und Thymian. Die Kräuter fein hacken und schneiden und erst zum Schluß der Garzeit zu den Gerichten geben.

Susanne Vössing

Faustregeln für Kräuter

Damit sich die aromatische Würzkraft von Kräutern voll entfalten kann, sollte man folgendes beachten: Empfindliche Kräuter wie Basilikum, Dill und Minze verlieren durch Erhitzen ihr Aroma, daher sollte man sie erst gegen Ende der Garzeit hinzufügen oder die Gerichte damit bestreuen. Kräftige Kräuter wie Thymian und Rosmarin jedoch gibt man von Anfang an zum Gericht, da sie ihr würziges Aroma erst nach längerer Garzeit entfalten.

Die Würzkraft von Kräutern wird erhöht, wenn man sie im Mörser oder in der Küchenmaschine zerreibt bzw. zerkleinert. In feine Streifen geschnitten, verströmen die Kräuter ein zartes Aroma.

Tip: Es gibt empfindliche Kräuter, insbesondere Minze, die sich verfärben, wenn man sie zu lange im voraus zubereitet. Daher diese Kräuter erst kurz vor der Verwendung hacken oder schneiden.

Susanne Vössing

Kräuter konservieren

Kräuter in einem feuchten Stück Küchenpapier einrollen, die Rolle in einen Plastikbeutel schieben und das Ganze in den Kühlschrank legen.
Oder die Kräuter auf ein Gitterrost legen und in einen noch heißen Ofen (z.B. Restwärme nach dem Backen) bei geöffneter Klappe trocknen lassen. Die Kräuter können dann zerrieben zum Würzen genutzt werden.

Alexander Herrmann

Lavendel als Speisezutat

Lavendelsauce: 1 kleine gehackte Zwiebel, 1 TL Lavendelblüten und 2 EL Honig angehen lassen. Mit 300 ml Gemüsefond angießen, einreduzieren und mit etwas in Wasser angerührter Stärke binden. Der Lavendel wird durch das Kochen scharf, so daß man auf Tabasco oder Cayenne verzichten kann. Durch den Honig wird der Lavendel milder.

Tip: Diese Sauce paßt z.B. zu Frühlingsrollen.

Sesamlavendelkrokant: 250 g Zucker karamelisieren. 2 EL geröstete Sesamsaat und 1 EL Lavendelblüten hinzufügen. Auf ein gefettetes Blech schütten, glatt streichen, kalt werden lassen und klein hacken.

Tip: Diese Krokantstücke können in Vanillesoße, über Eis oder zur Verfeinerung in Plätzchenteig gegeben werden.

Susanne Vössing

Knoblauch in Öl einlegen

Knoblauchzehen in leichtem Salzwasser wenige Minuten köcheln lassen und anschließend in Eiswasser geben, damit die Zehen nicht nachgaren. Die gekochten Knoblauchzehen zusammen mit 1 Chilischote und etwas Salbei (je nach Geschmack auch Thymian oder Rosmarin) in ein Einmachglas geben und mit kaltgepreßtem Olivenöl auffüllen. Das Glas verschließen, im Kühlschrank aufbewahren und vor dem Gebrauch 1 Woche ruhen lassen.

Tip: Man kann sowohl den Knoblauch als auch das Öl zum Würzen der Speisen verwenden.

Rainer Mitze

Knoblauch süß einlegen

Frische Knoblauchzehen sollten trocken und weiß sein, nicht welk, fleckig oder verfärbt. Ist der Keim im Inneren grün, ist die Zehe schon etwas älter. Diesen Keim entfernen, sonst schmeckt der Knoblauch penetrant. Frischer Knoblauch hält sich etwa 2–3 Monate, doch läßt sein Aroma mit der Zeit nach.

In Honig einlegen: 25 Knoblauchzehen schälen, 3 Minuten in Wasser blanchieren, gut abtropfen lassen. 150 g Honig mit dem Saft von 3 Zitronen und 1 Prise Salz aufkochen, 1 Zweig Rosmarin und 2 kleine Chilischoten dazugeben. Die Zehen in ein Einmachglas geben, den heißen Honig darübergießen und verschließen. Einige Tage durchziehen lassen.

Tip: Paßt toll zu Huhn und Lamm.

Süß-sauer: Einen Sud aus 500 ml Essig, 10 Pfefferkörnern, 10 Pimentkörnern, 4 Lorbeerblättern, 2 Nelken, 4 TL Zucker und 250 ml Wasser aufkochen und die Knoblauchzehen 5 Minuten darin kochen lassen. In Gläser füllen, mit etwas Pflanzenöl begießen und gut verschließen. 4 Tage durchziehen lassen.

Susanne Vössing

Knoblauch rösten

Die gepellten Knoblauchzehen nebeneinander in heißes Öl in einen Topf legen, sie müssen vom Öl bedeckt sein. Etwa 3 Minuten leicht köchelnd fritieren und dann das Öl mit den Zehen in ein Glas füllen. Sowohl Öl als auch den Knoblauch zum Würzen der Speisen verwenden.

Tip: Beim Anbraten darauf achten, daß der Knoblauch nicht zu stark bräunt, da er sonst bitter wird.

Susanne Vössing

Knoblauchgeruch mildern

Knoblauch ist ein wirksames Antiseptikum, er regt Blutkreislauf und Verdauung an, entschlackt, senkt Blutdruck und Cholesterin und beugt Arterienverkalkung vor. Doch er enthält ein ätherisches Öl, das für den strengen Geruch verantwortlich ist. Nach dem Verzehr wird Knoblauch nicht nur durch den Mund, sondern auch durch die Haut ausgeschieden. Den Geruch an Händen und Arbeitsgeräten kann man durch Abreiben mit einer halben Zitrone oder leichtem Essigwasser entfernen. Den strengen Atem nach reichlich Knoblauchgenuß kann man mildern, indem man Äpfel, Honig, Milch, frische Petersilie oder Rotwein zu sich nimmt.

Tip: Wenn die ganze oder halbe Zehe vor Gebrauch mit einem breiten Messer zusammen mit etwas Salz zerquetscht wird, ist der Geruch des Knoblauchs weniger intensiv.

Susanne Vössing

Öl mit Rosmarin aromatisieren

Sonnenblumenöl mit 1 Zweig Rosmarin in eine Karaffe füllen und mit einem Korken verschließen. Mindestens 1 Woche ziehen lassen, bis das Rosmarinöl sein volles Aroma entfaltet.

Rainer Mitze

Essig aromatisieren

Rotweinessig kann mit Rosmarin verfeinert werden. Dazu 60 g Rosmarin zuerst kurz rösten oder im Mörser etwas zerdrücken, um das Aroma zu verstärken. Sodann den Rosmarin in eine Flasche geben und mit Rotweinessig auffüllen. 2 Wochen durchziehen lassen, währenddessen die Flasche öfter schütteln.

Für **Estragonessig** 4 Zweige Estragon in Weißweinessig kurz aufkochen, in eine Flasche füllen, 2 Wochen ziehen lassen und sodann abseihen.

Tip: Zur Dekoration in die Flasche jeweils einen frischen Rosmarin- bzw. Estragonzweig stecken.

Susanne Vössing

Himbeeressig selbst machen

300 g Himbeeren in eine Karaffe geben und mit 250 ml Weißwein und 6 EL Essigessenz aufgießen. Die Karaffe fest verschließen und das Ganze 1–2 Wochen stehen lassen. Dann durch ein Tuch abseihen und die Himbeeren gut ausdrücken. In eine Flasche füllen und gut verschließen.

Tip: Den Obstessig kühl und dunkel lagern, sonst kann der Essig gären.

Susanne Vössing

Senf herstellen

Ausgangsprodukt dieser beliebten Würzpaste sind Senfkörner. Es gibt zum einem die milde Gelbsenfsaat und die kräftig scharfe Braunsenfsaat. Je mehr schwarze Körner man verwendet, um so schärfer wird der Senf.

Tip: Senföle regen die Magensaftbildung an. Wenn man besonders zu fettreichen Speisen immer etwas Senf ißt, sind die Gerichte leichter zu verdauen.

Und so wird's gemacht: 200 g Senfkörner so fein wie möglich zermahlen (in der Kaffeemühle oder im Mörser. Doch Achtung: Die Kaffemühle ist dann für das Kaffeemahlen nicht mehr zu gebrauchen!). Dabei darf das Senfmehl jedoch nicht warm werden, weil sich sonst wichtige Aromaträger verflüchtigen; deswegen die Maschine zwischen den Mahlgängen etwas abkühlen lassen. Dann 200 ml Wasser, 200 ml Weinessig, 1 TL Salz und 3 TL Zucker zugeben und kräftig verrühren; am besten mindestens 5 Minuten mit dem Handrührgerät rühren, damit das Senfmehl aufquellen kann und die richtige Konsistenz erhält. Den Senf in Gläser füllen, verschließen und im Kühlschrank mindestens 24 Stunden ruhen lassen, damit der Senf weiter quellen und sein Aroma voll entfalten kann. Diese Mischung läßt sich mit beliebigen Zutaten, Kräutern und Gewürzen aromatisieren. Trockene Gewürze können gleich mit den Senfkörnern vermahlen werden. Wasserhaltige Zutaten (Zwiebeln, Peperoni, Kapern u.s.w.) zerkleinert nach Essig und Wasser zum Senfmehl geben.

Tip: Senf immer gut verschlossen kühl und dunkel lagern, dann kann er sein besonderes Aroma über längere Zeit behalten.

Ralf Meuser

Tomatenketchup selbst machen

1 kg Tomaten mit 2 gepreßten Knoblauchzehen, 100 g gehackten Zwiebeln und 100 g gehackter Paprikaschote, 1 TL Salz, 2 TL Zucker, 150 ml Apfelessig, 4 Nelken, 1 Zimtstange und 1 Lorbeerblatt zugedeckt auf kleiner Flamme köcheln lassen. Zimtstange und Lorbeer entfernen, das Gemüse passieren und nochmals einkochen, bis die Sauce dickflüssig ist. In heiß ausgespülte Einmachgläser füllen, verschließen und die Gläser im Wasserbad knapp unter dem Siedepunkt etwa 30 Minuten sterilisieren. Nach dem Auskühlen dunkel und kühl lagern.

Tip: Für Tomatenketchup nur reife Tomaten verwenden.

Sante de Santis

Tomatenmark herstellen

1 kg Tomaten würfeln und in einen Topf geben, salzen und pfeffern. Das Ganze so lange einköcheln, bis eine dunkelrote Masse entstanden ist. Die Masse durch ein Tuch passieren, um die Feuchtigkeit herauszudrücken. Anschließend die Tomatenmasse durch ein trichterförmiges Sieb passieren, bis sie weitestgehend trocken ist. Dann in ein Einmachglas geben und bei 80 Grad im Wasserbad im Ofen etwa 20 Minuten sterilisieren.

Tip: Für das Tomatenmark eignen sich am besten die italienischen Eiertomaten.

Sante de Santis

Mürbeteig

Mürbeteig läßt sich nicht nur besonders leicht zubereiten, sondern auch vielseitig verwenden.
So gelingt er und krümelt nicht: 300 g Mehl durch ein feines Sieb in eine große Schüssel sieben, damit der Teig viel Luft aufnehmen kann und das fertige Mürbeteiggebäck besonders knusprig und locker wird. 1 Prise Salz und 2 TL Zucker untermischen. 100 g Butterflöckchen mit den Fingerspitzen unterkneten, bis eine grobkrümelige Masse entsteht. Die Schüssel rütteln, um zu sehen, ob die Butter vollständig verarbeitet ist. Eine Vertiefung in die Mitte drücken. 1 geschlagenes Ei in die Vertiefung geben und die Mischung mit einer Teigkarte bearbeiten und gegebenenfalls etwas Wasser teelöffelweise hinzufügen, bis sich größere Teigklumpen bilden. Die Teigklumpen mit den Händen zusammendrücken und auf einer Arbeitsfläche zu einer Kugel formen. Die fertige Teigkugel für etwa 30 Minuten in den Kühlschrank legen, damit sich der Teig während des Backens nicht zusammenzieht. Desweiteren können sich die Zuckerkristalle besser auflösen. Den Teig ausrollen, in die Backform legen und bei einer Temperatur von 200 Grad goldgelb backen.

Tip: Alle verwendeten Geräte und Zutaten müssen kühl sein und schnell verarbeitet werden. Der Teig läßt sich besser ausrollen, wenn man ihn zwischen zwei Klarsichtfolien legt und dann ausrollt. Dabei sollte man unnötige Mehlzugabe beim Ausrollen vermeiden.

Ralf Meuser

Blindbacken

Wenn der Teig beim Backen nicht hochgehen soll (z.B. bei Tartes), dann kann man ihn vorher blindbacken. Mürbeteig dünn ausrollen und eine runde flache Backform damit auslegen. Um den überschüssigen Teig leicht entfernen zu können, einfach mit einem Nudelholz über den Rand der Form rollen. Nun kann der überschüssige Teig einfach abgezogen werden. Den Teigboden mit einer Gabel mehrmals anstechen. Zusätzlich ein kreisrund ausgeschnittenes Stück Backpapier auf den Boden legen und darauf getrocknete Erbsen schütten, um das Papier zu beschweren. Für etwa 15 Minuten bei 200 Grad in den Ofen geben. Danach die Erbsen mit dem Backpapier entfernen. Jetzt kann der Kuchenboden mit Obst nach Wahl belegt (z.B. Äpfel) und nochmals für ungefähr 10 Minuten gebacken werden.

Susanne Vössing

Biskuitrolle

6 Eiweiß mit einer Prise Salz aufschlagen. 90 g Zucker mit 6 Eigelb hellgelb schlagen und vorsichtig mit dem Eiweiß vermengen. 90 g Mehl hineinsieben und behutsam zu einer Masse verrühren. Es muß darauf geachtet werden, daß diese nicht zusammenfällt. Die Masse gleichmäßig auf ein mit Backpapier ausgelegtes Blech streichen und bei 220 Grad im Ofen maximal 10 Minuten backen. Zum Abkühlen auf ein gezuckertes Küchentuch legen und mit einem feuchten Tuch zugedeckt kurz abkühlen lassen. Mit Marmelade, Butter-, Zitronen- oder Puddingcreme bestreichen und mit Hilfe des Tuchs einrollen.

Tip: Der Teig darf nicht zu lange backen, da er sonst trocken wird und beim Aufrollen bricht.

Frank Buchholz

Buttercreme

4 Eigelb und 125 g Zucker aufschlagen und 250 ml heiße Milch nach und nach einrühren, dabei ständig bis zum Erkalten rühren. Die Masse in 150 g warme Butter langsam einrühren. Das Ganz je nach Geschmack mit Mokka oder Rum veredeln.

Tip: Die Zutaten müssen dieselbe Temperatur haben, sonst gerinnt die Creme. Die Creme zügig auf den Kuchen streichen, damit sie nicht flockig wird.

Thies Möller

Strudelteig

250 g Mehl, 250 ml lauwarmes Wasser, 1 Schuß Öl, 1 Prise Salz und 1 Ei 20 Minuten kneten, damit sich der Kleber aus dem Mehl entfalten kann. So wird eine optimale Bindung erreicht. Nun den Teig etwa 30 Minuten zugedeckt ruhen lassen. Anschließend ausrollen und etwas Mehl darüber geben. Den Teig auf die Hand nehmen und durch leichtes Anheben von innen nach außen vorsichtig auseinanderziehen, so daß er immer dünner wird. Die Ränder bleiben zwangsläufig dick und müssen deshalb abgeschnitten werden. Den Teig mit zerlassener Butter bestreichen, nach Belieben belegen und bei 190 Grad 30–40 Minuten backen.

Tip: Die abgeschnittenen Ränder als Suppeneinlage verwenden.

Carsten Dorhs

Orangenkuchen

So wird der Kuchen saftig: Einen Rührteig aus 200 g Butter, 300 g Zucker, 375 g Mehl, Orangenaroma und 5 Eiern herstellen. Im Ofen bei 175 Grad etwa 1 Stunde backen. Den gebackenen Kuchen mit Orangenlikör o. ä. und etwas Orangensaft beträufeln. In Alufolie einpacken und eine Zeitlang stehenlassen (jedoch nicht im Kühlschrank). Zum Schluß glasieren und je nach Geschmack mit getrockneten Orangen dekorieren.

Tip: Der Teig wird auch saftiger, wenn man ihm etwas Marzipanrohmasse zufügt. So wird mehr Flüssigkeit im Teig gebunden. Die gleiche Wirkung wird erzielt, wenn man statt der Eier nur Eigelb verwendet. Wenn der Kuchen zu trocken ist, kann es auch daran liegen, daß er zu lange bei zu niedriger Temperatur im Ofen war.

Ralf Meuser

Schwarz-Weiß-Kekse

Einen Mürbeteig aus 3 Teilen Mehl, 2 Teilen Butter und 1 Teil Zucker herstellen. Den Teig halbieren und unter die eine Hälfte etwas Kakao mischen. Der Teig muß bei Zimmertemperatur verarbeitet werden. Den Teig in 1 cm breite und gleich lange Bahnen ausrollen und jeweils zwei Bahnen im Karo-Muster neben- und übereinander legen. Da der Teig sehr klebrig ist, halten die Bahnen in der Regel sehr gut zusammen. Nun eine der beiden Teigsorten sehr dünn ausrollen und die Rechtecke damit einwickeln. In fingerdicke Scheiben schneiden und im Ofen bei 180 Grad 10 Minuten backen.

Tip: Damit die beiden Teige beim Ausrollen die gleiche Stärke erhalten, sollten sie zwischen zwei Holzlöffelstielen ausgerollt werden. Auf diese Weise rollt man die Teige jeweils so lange, bis das Nudelholz auf die Löffel stößt.

Carsten Dorhs

Hippen

50 g Butter mit 50 g Zucker und Vanillearoma schaumig rühren, 50 g gestiftelte Mandeln zufügen und 30 g Mehl unterrühren. Kleine Häufchen auf Backpapier setzen und ganz dünn ausstreichen, bei 190 Grad im Ofen etwa 3 Minuten backen. Nach der Entnahme aus dem Backofen sind die Hippen noch 30 Sekunden formbar, so daß man sie über einen hölzernen Kochlöffelstiel rollen kann.

Tip: Die Hippenmasse muß kalt gelagert, jedoch bei Zimmertemperatur verarbeitet werden, damit sie streichfähig ist.

Carsten Dorhs

Windbeutel

250 ml Wasser im Topf erhitzen, 1 Prise Salz und 65 g Butter dazugeben und aufkochen lassen. Den Topf von der Herdplatte nehmen, 150 g Mehl in die heiße Flüssigkeit sieben und gut durchrühren. Den Topf wieder auf den Herd stellen, auf kleiner Flamme so lange rühren, bis sich der Teig als Kloß vom Topf löst. Den heißen Kloß in eine Schüssel geben, 2 Eier unterrühren, gut einarbeiten, dann weitere 2 Eier zugeben. Evt. weitere Eier zugeben, bis der Teig glänzt. Die Masse abkühlen lassen. Den Teig in den Spritzbeutel geben, ein Backblech buttern und mit Mehl bestäuben. Darauf kleine Häufchen von ungefähr 3 cm Durchmesser setzen. **Achtung:** Die Häufchen verdoppeln ihr Volumen, daher einen größeren Abstand zwischen ihnen lassen. Die Windbeutel bei 200 Grad 25–30 Minuten backen. Die fertigen Windbeutel herausnehmen, sofort aufschneiden oder ein Loch schneiden und eine Creme aus gesüßter Schlagsahne hineingeben.

Tip: Die Ofentür während der ersten 15 Minuten Backzeit nicht öffnen, sonst fällt der Teig zusammen.

Andreas Studer

Berliner

Einen Teig aus 25 g Hefe, 1 TL Zucker, 3/8 l Milch, 500 g Mehl, 4 Eigelb, 50 g Butter und 1 Prise Salz herstellen. Den Teig ausrollen und mittels einer Tasse runde Scheiben ausstechen. Auf die Hälfte der Scheiben ein wenig Konfitüre geben, die Ränder mit Eigelb bepinseln und mit der zweiten Scheibe bedecken. Die Ränder gut andrücken. Die Berliner in einer Friteuse etwa 5 Minuten bei einmaligem Wenden fritieren. Zum Schluß mit Puderzucker bestreuen.

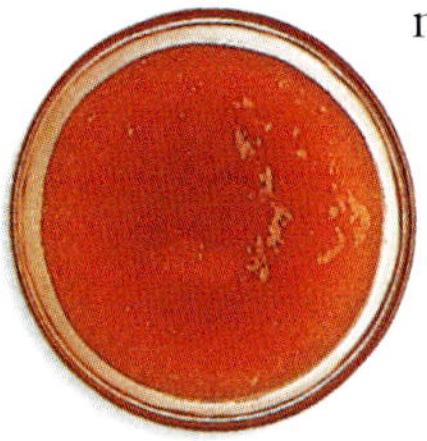

Andreas Studer

Muffins

200 g weiche Butter mit 200 g Zucker und 2 Eiern mit einem Handrührgerät verquirlen. 50 ml Espresso unterrühren. 200 g Mehl mit 1/2 Päckchen Backpulver mischen und zugeben. Den Teig in einem vorgeheizten Ofen 20–25 Minuten bei 180 Grad backen. Fertige Muffins dann mit Kokosraspeln und Kakaopulver bestreuen oder mit einem gefärbten Zuckerguß bestreichen und nach Belieben mit Lakritzbonbons oder Fruchtgummischnüren dekorieren. Man kann sie auch mit Lebensmittelfarbe einstreichen oder lustige Figuren daraus machen, so zum Beispiel eine Spinne, Krabbe oder ein Gesicht.

Tip: Immer eine Garprobe machen, indem man ein Holzstäbchen in ein Muffin steckt; wenn nichts mehr kleben bleibt, sind die Muffins fertig. Muffins lassen sich hervorragend auf Vorrat backen und einfrieren.

Andreas Studer

Lebkuchenteig

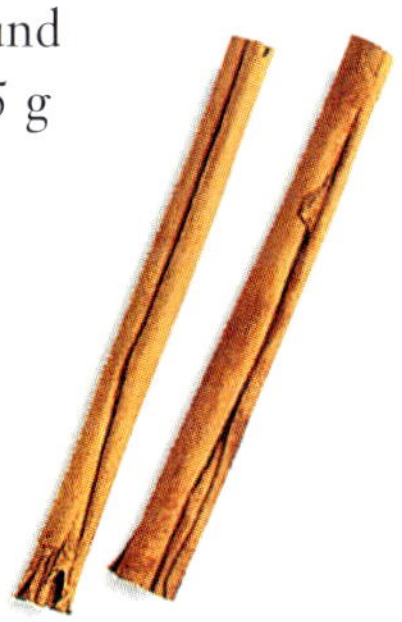

125 g Butter, 1 Ei und 2 EL Honig aufsetzen und kurz warm werden lassen. Mit 350 g Mehl, 175 g braunem Zucker, etwas Zimt, Rosinen und 1 TL in etwas lauwarmem Wasser aufgelöste Pottasche oder Hirschhornsalz vermengen und 30 Minuten im Kühlschrank ruhen lassen. Den Teig ausrollen und mit Förmchen ausstechen. Sodann 10–15 Minuten bei 180 Grad im Ofen backen.

Tip: Pottasche und Hirschhornsalz sind Treibmittel, die bewirken, daß der Teig in die Breite und nicht in die Höhe geht. Pottasche wird bei süßem Gebäck benutzt; bei laugigem Gebäck ist die Verwendung von Hirschhornsalz zu empfehlen.

Wolfgang Kohlhepp

Baiser

4 Eiweiß sehr steif schlagen und 230 g feinen oder Puderzucker schnell darunterziehen. Im Ofen bei 120 Grad 45–60 Minuten trocknen.
Achtung: Wird der Zucker nicht schnell genug untergezogen, wird die Masse wieder flüssig. Für möglichst lockeren, luftigen Eischnee sollte das Eiweiß vor dem Schlagen etwa 1 Stunde in einem abgedeckten Behälter bei Zimmertemperatur ruhen.

Tip: Sämtliches Küchenzubehör muß absolut sauber und fettfrei sein, da der Eischnee sonst nicht steif wird.

Rainer Mitze

Löffelbiskuits

3 Eier trennen. Die Eigelbe mit 100 g Zucker in einer Schüssel schaumig schlagen. Die Eiweiße mit 1 Prise Salz in einer anderen Schüssel steif aufschlagen und locker unter die Eigelbmasse heben. 75 g Kartoffelstärke (oder Mehl) unterheben, so daß keine Knübbelchen entstehen. Die Masse in einen Spritzbeutel füllen und mit einer Tülle etwa 12 cm lange Stränge auf ein gefettetes Backblech spritzen. Gleichmäßig mit Puderzucker bestreuen. Bei 175 Grad etwa 12 Minuten backen.

Wolfgang Kohlhepp

Amaretti

250 g geschälte Mandeln fein mahlen, mit 150 g Zucker und 1 TL Bittermandelaroma mischen. 4 Eiweiß steif schlagen und 50 g Zucker einrieseln lassen. Die Mandelmasse löffelweise unter den Eischnee ziehen und zur glatten Masse rühren. Ein Blech buttern und mehlen, walnußgroße Häufchen draufsetzen und mindestens 2 Stunden trocknen lassen. Dann im Ofen bei 150 Grad 1 Stunde lichtgelb backen. Die noch warmen Amaretti mit Puderzucker bestreuen.

Thies Möller

Edle Ostereier

Einen altbackenen Biskuitboden oder Gebäckreste zerbröseln. 250 g Zartbitterschokolade grob hacken und im Wasserbad schmelzen lassen. Vom Herd nehmen, 200 g Butter in die flüssige Schokolade geben und 3 Minuten mit dem Handrührgerät schaumig schlagen. Die Teigbrösel mit 50 g gemahlenen Mandeln und 4 EL Rum oder Likör mischen. Die Bröselmischung etwas durchziehen lassen, mit der Schokoladencreme verrühren und für etwa 1/2 Stunde in den Kühlschrank stellen. Dann mit einem Eßlöffel etwas Teig abstechen und ein Osterei daraus formen. Je nach Geschmack in Steuseln, geraspelter Schokolade, feingehackten Pistazien oder Mandelblättchen wälzen und in kleine Papiermanschetten setzen. Die Ostereier halten sich im Kühlschrank oder in einem kühlen Raum mit Folie abgedeckt gut 1 Woche frisch.

Tip: Für einen Schwarz-Weiß-Muster die Eier zuerst mit dunkler Schokoglasur überziehen. Weiße Zitronenglasur in einen Plastikbeutel füllen, eine kleine Ecke abschneiden und Muster auf die Eier spritzen. Für weiße Ostereier die dunkle Schokolade durch weiße Schokolade ersetzen und anstelle des Rums ebenfalls eine helle Spirituose, beispielsweise Himbeergeist oder Sambuca, nehmen.

Wolfgang Kohlhepp

Karamel-Reis-Auflauf

4 EL Zucker karamelisieren, 400 ml heiße Milch über den Karamel geben, um ihn abzulösen. Das Mark 1/2 Vanilleschote und 1/2 TL geriebene Schale einer unbehandelten Orange hinzufügen. Kochen lassen, bis sich der Karamel aufgelöst hat, dabei ab und zu umrühren. 100 g Milchreis dazugeben und zugedeckt bei kleiner

Hitze etwa 15 Minuten ausquellen lassen. 2 Eigelb unter den Milchreis rühren. 2 Eiweiß mit einer Prise Salz sehr steif schlagen, 1 EL Zucker und 30 g Mandelblätter zufügen. Die Hälfte des Eischnees unter den Reis ziehen, in eine gebutterte Form füllen, mit dem restlichen Eischnee bestreichen und bei 170 Grad für 15 Minuten in den vorgeheizten Ofen schieben.

Tip: Wenn der Karamel beim Ablöschen stark spritzt, liegt das am Temperaturunterschied zwischen Milch und Karamel. Deswegen zum Ablöschen unbedingt heiße Milch nehmen, außerdem löst sich der Karamel dann schneller auf.

Susanne Vössing

Milchreis ohne Anbrennen zubereiten

Zuerst etwas Wasser in den Topf geben und wegkochen lassen. Dann Milch und Reis in den Kochtopf geben und aufkochen lassen. Wenn der Reis aufquillt, den Topf nochmals kurz erhitzen, sodann vom Herd nehmen, auf eine Zeitung setzen und in eine Decke einwickeln. Die Resthitze reicht aus, um den Milchreis in 1 1/2 Stunden garziehen zu lassen, ohne daß er anbrennt.

Ralf Meuser

Kaiserschmarren

4 Eigelb mit 150 g Mehl, 3 EL Zucker, 1 EL Rosinen, 75 g gemahlenen Mandeln, 20 g Butter und 1/4 l Milch zu einem Teig verrühren. Die 4 Eiweiß separat aufschlagen, den Teig dazugeben und verrühren. Das Ganze in eine Pfanne geben und mit etwas Fett auf beiden Seiten ausbacken. Den Kaiserschmarren nun zerteilen und mit Puderzucker bestäubt servieren.

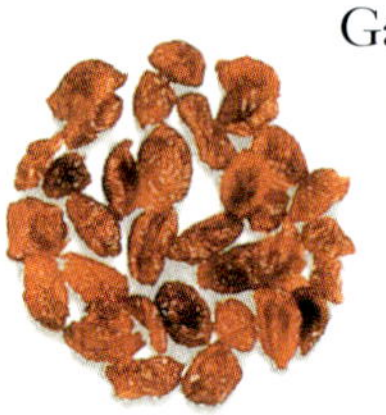

Frank Buchholz

Gebrannte Mandeln

200 g ungeschälte Mandeln in einen Topf geben und mit 200 g Zucker und 1 Päckchen Vanillezucker vermengen. Etwas Wasser zugeben und das Ganze erhitzen, bis der Zucker eine karamelisierte Farbe annimmt. Die Mandeln dann im Ofen bei 220 Grad etwa 20 Minuten rösten.

Sante de Santis

Krokant

Die gewünschte Menge Zucker mit 1 Spritzer Zitronensaft in einem Topf karamelisieren lassen. Dieselbe Menge Mandeln (Stifte, gehobelt oder gehackt) hinzugeben und rösten. Nicht zu dunkel werden lassen, da das Krokant sonst bitter schmeckt. Mit einem Schuß Cointreau ablöschen. Anschließend auf eine leicht geölte Marmorplatte oder ein feuerfestes Brett schütten und mit einem Nudelholz glattwälzen. Zum Schluß in trockenem Zustand in Stücke schneiden.

Tip: Bei Verwendung von Zuckersirup wird das Krokant feiner.

Frank Buchholz

Bayerische Creme

3 Eigelb mit 125 g Zucker verrühren und 1/4 l heiße Milch ganz langsam unter die Masse rühren, damit ein Wärmeaustausch stattfindet. Bei mittlerer Hitze im Wasserbad unter ständigem Rühren erhitzen, bis die Masse leicht dicklich und weiß wird. Dann 6 Blatt in kaltem Wasser eingeweichte und ausgedrückte Gelatine in die noch heiße Creme rühren, vom Herd nehmen und kaltrühren. Sobald die Creme zu stocken beginnt, 250 ml steifgeschlagene Sahne unterziehen. Die Creme kann dann in eine Form gegossen werden, dabei sollte man die Form vorher mit kaltem Wasser ausspülen, denn so läßt sich die Masse später leichter aus der Form nehmen. Mit Früchten oder Fruchtsauce anrichten.

Tip: Die Milch mit dem Eigelb nicht kochen lassen.

Susanne Vössing

Crème brûlée

1 l Milch zusammen mit 1 Zimtstange, der Schale von 1 Zitrone und 175 g Zucker aufkochen. Die Milch abseihen, etwas Milch abnehmen und 50 g Mehl darin verrühren. 6 Eigelb aufschlagen, in die Milch geben und unter Rühren wieder aufkochen lassen. Das in etwas Milch verrührte Mehl zufügen und sofort vom Herd nehmen. Erkalten lassen, in Schälchen füllen und mit Zucker bestreuen. Unter dem heißen Grill karamelisieren.

Tip: Man kann den Zucker auch mit einem Bunsenbrenner oder Lötbrenner karamelisieren.

Carsten Dorhs

Schneeklößchen

2 Eiweiß steifschlagen. 1 1/2 EL Zucker und 1 Messerspitze Kardamom oder Zimt nach und nach unterschlagen. Mit zwei Eßlöffeln Klöße formen und in siedendes Wasser setzen, mit dem Deckel bedecken, von der Kochstelle nehmen und 5 Minuten fest werden lassen. Für das Pfirsichmark Pfirsiche halbieren, den Stein entfernen, in Stücke schneiden und mit etwas Zucker und 1 Spritzer Zitronensaft pürieren.

Tip: Nicht zu viele Klöße auf einmal garen, da sie noch etwas aufgehen.

Carsten Dorhs

Vanilleeis ohne Eismaschine

1/2 l Liter Milch mit dem Mark von 1 Vanilleschote und 1 Prise Salz aufkochen. In der Zwischenzeit 4 Eigelb und 6 gehäufte EL Zucker mit einem Schneebesen schaumig schlagen. Die Milch heiß aufgekocht durch ein feines Sieb in diese Masse gießen und das Ganze erkalten lassen. Anschließend 200 g geschlagene Sahne unterheben und in beliebigen Gefäßen ins Eisfach geben.

Wolfgang Kohlhepp

Eisbombe

Eine Eisschalenform oder Glasschüssel mit sämigem Premium-Vanilleeis ausstreichen. Die Schale im Eisfach frieren lassen. Anschließend eine weitere Schicht mit einer beliebigen Eissorte auftragen. Diesen Vorgang wiederholen, bis die Schale gefüllt ist. Nachdem alle Schichten gefroren sind, kann die Eisbombe gestürzt werden. Geschlagenes Eiweiß in einen Spritzbeutel füllen und damit die Eisbombe garnieren. 2 Minuten im Backofen bei Oberhitze abflammen und je nach Geschmack mit Früchten garnieren.

Tip: Nach Belieben können zwischen die einzelnen Eisschichten auch Lagen aus Mandeln, Nüssen oder Rosinen etc. eingebracht werden.

Frank-Xaver Bürkle

Zitronensorbet

Einen Zuckersirup aus 50 % Wasser und 50 % Zucker aufkochen lassen. Zu 300 ml Zuckerwasser 175 ml Zitronensaft hinzufügen und in eine Tischsorbetière füllen. Wenn man keine Eismaschine hat, dann kann man die Flüssigkeit in einer Metallschüssel in das Eisfach stellen. Alle 30 Minuten muß nun das festgefrorene Sorbet vom Rand der Schüssel abgestrichen werden. Nach 2–3 Stunden ist das Sorbet fertig.

Tip: Eine Zitrone aushöhlen und im Eisfach kühlen. Das fertige Sorbet in einen Spritzbeutel füllen und in die Zitrone einspritzen.

Ralf Meuser

Geschmortes Obst

Die Scheiben von jeweils 3 Orangen, Birnen und Äpfeln mit 200 g Dörrpflaumen in eine feuerfeste Schale geben. 50 g Zucker über das Obst streuen und die Schale mit 1 l Rotwein aufgießen. Das Ganze zugedeckt im Ofen bei etwa 180 Grad 10–15 Minuten schmoren. Das geschmorte Obst als Füllung für Pfannkuchen verwenden.

Tip: Die Äpfel- und Birnenscheiben mit etwas Zitronensaft beträufeln, so laufen sie nicht braun an.

Frank Buchholz

Erdbeeren im Teigmantel

2 Eigelb mit 75g Mehl, 1/2 TL Zimt, 1 EL Öl und 1/8 l Mineralwasser verquirlen und zugedeckt 30 Minuten quellen lassen. 500 g Erdbeeren mit 2 EL Zucker und 1 EL Vanillezucker bestreuen. 2 Eiweiß steifschlagen und unter den Teig heben. Die Erdbeeren durch den Teig ziehen und in reichlich heißem Fett 2–3 Minuten goldbraun fritieren.

Tip: Erdbeeren zum Säubern nur kurz in kaltes Wasser tauchen oder sanft abbrausen, dann abtropfen lassen und trockentupfen. Die Stiele und Kelchblätter werden mit einer leichten Drehung entfernt.

Frank Buchholz

Birne in Rotwein

4 Birnen schälen, den Stiel dranlassen. Die Birnen mit 1 l Rotwein, 1/2 Zimtstange, 2 Nelken, 1 Stück Zitronenschale und 80 g Zucker zum Kochen bringen und 20 Minuten köcheln lassen. Die Gewürze entfernen und die Birnen im Rotwein auskühlen lassen. Kalt servieren.

Tip: Statt die Birnen ganz zu schälen, kann man in die Schale ein Muster einritzen. Nach dem Kochen die restliche Schale entfernen, und ein rotweißes Muster kommt zum Vorschein.

Susanne Vössing

Eingeweckte Birnen

Birnen schälen, halbieren, das Kerngehäuse entfernen und in Zitronenwasser legen, damit sie nicht braun werden. Zuckerwasser im Verhältnis 1 kg Zucker zu 1 l Wasser aufsetzen. Mit dem Mark 1/2 Vanilleschote parfümieren und den Saft von 1/2 Zitrone dazugeben. Anschließend die Birnen in den Topf geben und einmal aufkochen lassen. Nun die Birnen im Wechsel mit Minzeblättern in ein Einmachglas bis 2 cm unter den Rand füllen. Bei 125 Grad etwa 1 Stunde im Wasserbad im Backofen erhitzen. Aus dem Backofen kopfüber auf ein feuchtes Tuch stellen, bis die Gläser ausgekühlt sind.

Susanne Vössing

Tips zum Honig

Honig entkristallisieren: Kristallisierter Zucker bedeutet keinen Qualitätsverlust, da hier nur der im Honig enthaltene Zucker auskristallisiert ist. Um den Honig wieder homogen zu machen, wird er einfach in ein warmes Wasserbad gestellt. Dadurch schmilzt der Zucker wieder.

Honig dosieren: Um Honig besser dosieren zu können, wenn kein Honigspender zur Hand ist, wird der Honig einfach in eine mit Speiseöl ausgepinselte Tasse gegeben. Nun läßt sich der Honig gezielt und schnell aus der Tasse herausschütten.

Alexander Herrmann

Rosengelee

Die Rosenblüten mit einem Messer von den Stielen trennen, dabei darauf achten, daß die Stiele restlos abgetrennt werden, da diese Bitterstoffe enthalten. Die Menge von einem 1-l-Meßzylinder Rosenblätter in $^{1}/_{2}$ l Weißwein aufkochen. Danach die Rosenblätter entfernen. Dann etwa 500 g Gelierzucker und den Saft von 1 Zitrone zugeben, das Ganze noch einmal aufwallen lassen und in ein Einmachglas füllen.

Tip: *Wichtig ist es, ungespritzte Rosen zu verwenden; deshalb am besten stark duftende Rosen aus dem eigenen Garten nehmen.*

Carsten Dorhs

Cola-Sülze

Kirsch- und Ananassaft in einem Topf erhitzen. Dann Ananasstücke, Kirschen, gemahlene Haselnüsse oder Mandeln hinzugeben und – je nach gewünschter Geschmacksintensität – mit mehr oder weniger Cola auffüllen. Mit eingeweichter Gelatine binden (auf $^{1}/_{2}$ l Saft etwa 6 Blatt Gelatine geben), in eine Glasschüssel füllen und das Ganze 1 Tag in den Kühlschrank stellen, und die »Sülze« ist fertig.

Alexander Herrmann

Regenbogenlollis

Eine Schüssel oder einen Teller von ungefähr 13 cm Durchmesser umgedreht auf Aluminiumfolie setzen, den Rand mit einem Holzstäbchen umfahren und Kreise ausschneiden. Die Folienkreise in Pastetenförmchen von ungefähr 10 cm Durchmesser drücken und mit dem Finger am inneren Rand entlangfahren, bis er sich deutlich in der Folie abzeichnet. Darauf achten, daß der Folienrand rundum gleichmäßig hochsteht. Die so geformten Folien-Förmchen leicht einölen und auf ein Backblech setzen. Jeweils ein Holzstäbchen durch die Folie stechen. Nun Bonbons nach Farben sortiert in Plastiktüten füllen und mit einem Nudelholz zerkleinern. Von jeder Farbe Bonbonkrümel in die Förmchen füllen. Im auf 180 Grad vorgeheizten Ofen 3 Minuten backen, bis die Masse geschmolzen ist. Wenn die Bonbons abgekühlt sind, kann man die Folie abziehen.

Tip: Statt Folie kann man eine vorbereitete Form nehmen, die es im Handel zu kaufen gibt.

Thies Möller

Schokoküsse

Kuvertüre in einem Wasserbad schmelzen lassen. 4 Eiweiß aufschlagen, und wenn es schaumig wird, 125 g Zucker hinzufügen, damit eine Bindung erreicht wird. Weiterschlagen, bis der Eischnee steif ist. Diesen Eischnee auf Oblaten oder Keksen verteilen. Anschließend im Ofen etwa 15 Minuten bei 120 Grad trocknen lassen. Zum Schluß die Kuvertüre darauf verteilen und im Kühlschrank erkalten lassen.

Tip: Darauf achten, daß die Kuvertüre beim Schmelzen nicht zu heiß wird, da sie sonst gerinnt.

Ralf Meuser

Getränke

Himbeer-Milch-Frost-Cocktail

Eine Vanilleeis-Kugel in ein Glas geben. Crush-Eis und 3 cl Himbeersirup in einen Shaker geben und mit kalter Milch auffüllen. Das Ganze kräftig shaken und unter Zuhilfenahme eines Abseihers einschenken.

Wolfgang Kohlhepp

Eiswürfelvariationen

Saftschorle mit Eiswürfeln schmeckt schnell abgestanden und wäßrig. Das kann man verhindern, indem man Eiswürfel aus Saft anfertigt. Dies kann man je nach Geschmack variieren. Es können auch Obststücke mit eingefügt werden.

Tip: Wenn man Weinreste zur Verfügung hat, können diese ebenfalls eingefroren werden. Falls zur Anfertigung einer Sauce ein Schuß Wein benötigt wird, muß man keine ganze Flasche öffnen, sondern kann auf die Eiswürfel zurückgreifen.

Alexander Herrmann

Kaffeevarianten

Kaffeepulver in einen Filter geben und 1 Messerspitze Kakao hinzufügen. Wasser kochen und mit etwas Natron vermischen, anschließend aufschütten.
Einige Zimtstangen oder angeschnittene Vanilleschoten mit Kaffeepulver in eine Kanne geben. Kochendes Wasser aufschütten und etwa 3 Minuten ziehen lassen.

Andreas Studer

Kaffeebohnen-Wein

1 Tasse Kaffeebohnen, 1 Tüte Vanillezucker und 1 Tasse braunen Zucker über einen Trichter in eine Flasche einfüllen. Das Ganze mit 1 l Rotwein auffüllen. Die Flasche verschließen und schütteln. Nun muß der Kaffeebohnen-Wein mindestens 2 Tage stehen, bis er sein ganzes Aroma entfaltet hat; währenddessen ab und zu schütteln.

Tip: Um den Wein leichter einfüllen zu können, einfach ein Holzstäbchen zwischen Trichter und Flaschenhals schieben. So kann die Luft aus der Flasche besser entweichen.

Ralf Meuser

Blütenlimonade

2 Handvoll aromatische und duftende Blüten z.B. von Rosen, Ringelblumen, Pfefferminze, Echtem Labkraut, Lavendel, Mädesüß, Thymian, Wildem Majoran, Klee, Gänseblümchen, Dahlien, Kapuzinerkresse, Schwarzem Holunder, Veilchen etc. je nach Jahreszeit beliebig gemischt in 1 l Apfelsaft geben, leicht zerdrücken und mindestens 3 Stunden kühl stellen und durchziehen lassen. Anschließend durch ein Sieb abgießen und falls nötig filtrieren. Danach den Saft von 2 Zitronen zufügen. Vor dem Servieren mit 1/2 Flasche Mineralwasser aufgießen.

Tip: Nach dem Abseihen 1 Handvoll frische Blüten zugeben, das sieht hübsch aus.

Franz-Xaver Bürkle

Pfefferminzlikör

4 Stengel Pfefferminze mit 50–80 g weißem Kandis in eine Flasche füllen und mit 1 Flasche 32%igem Korn übergießen. Bei Zimmertemperatur mindestens 6–8 Wochen ziehen lassen und dann filtrieren.

Tip: Flasche zum Durchziehen nicht in die Sonne stellen.

Thies Möller

Rosmarinwein

1 unbehandelte Orange dünn schälen, die Schale in ein Einmachglas füllen, mit 2 Flaschen Rotwein, 5–6 Zweigen Rosmarin, 1 Vanilleschote und 1 TL Zimt auffüllen und zugedeckt 10 Tage ziehen lassen. Sodann 20 Stück Zucker zugeben und mischen, bis er sich aufgelöst hat. Zum Schluß filtern, in hübsche Flaschen abfüllen und gut verschließen.

Frank Buchholz

Glühwein

1 Flasche Rotwein aufsetzen. Den Saft $^1/_2$ Zitrone und $^1/_2$ Orange dazugeben. 4 Nelken und 1 Zimtstange in ein Tee-Ei füllen und in den Rotwein hängen. Außerdem etwas Orangen- und Zitronenschale und 6 EL braunen Zucker hinzufügen. Das Ganze 5 Minuten ziehen lassen.

Tip: Darauf achten, daß der Wein auf keinen Fall kocht.

Susanne Vössing

Punsch

Der Punsch ist ein indisches Getränk, und das Rezept wurde im 17. Jh. von britischen Matrosen nach Europa gebracht. Der Name ist das indische Wort für ›fünf‹, denn fünf Zutaten sind es, die zu einem klassischen Punsch gehören: Arrak, Zitronensaft, Zucker, Gewürze und Wasser. Arrak kann durch Rum, Zitronensaft durch Orangen-, Grapefruit- oder Limonensaft ersetzt werden. Klassische Punsch-Gewürze sind Zimt, Nelken, Piment und Muskat. Zucker sollte man sparsam dosieren, am besten eignet sich Kandiszucker. Wasser wird gerne durch Tee, Rotwein oder Weißwein ersetzt.

Tip: Punsch kann man sehr gut kalt trinken.

Beeren-Punsch aus Holunderbeeren: 2 kg Holunderbeeren in 400 ml Wasser weichdünsten, durch ein Tuch seihen, in eine heiß ausgespülte Flasche füllen und sofort verschließen. Für den Punsch 50 g Haselnüsse und 50 g

Rosinen in 200 ml Apfelsaft für 4–8 Stunden einweichen. Die Schale von 2 Orangen, 5 EL Früchtetee, 1/2 Zimtstange, 4 Gewürznelken und 1 Sternanis mit 1/2 l kochendem Wasser übergießen, dann für 10 Minuten stehenlassen. Die Flüssigkeit abgießen und mit dem Holundersaft, den Rosinen und Haselnüssen erhitzen. Den Saft der 2 Orangen, 2–4 EL Zitronensaft und 40 ml Rum dazugeben und nach Belieben mit Honig abschmecken.

Alexander Herrmann

Sangria

In einem Topf 1 l Wasser zum Kochen bringen und 3 Beutel Earl-Grey-Tee 4 Minuten darin ziehen lassen, dann die Beutel herausnehmen. 3 mittelgroße Zweige Rosmarin in einem Mörser etwas zerdrücken, um ihr Aroma zu verstärken, und 8 Minuten im Tee ziehen lassen. 4 EL Zucker im Tee auflösen, den Tee abkühlen lassen und in den Kühlschrank stellen.
Von 1 großen unbehandelten Orange die Schale in einer Spirale ganz dünn abschälen, die weiße Haut von der Orange lösen und die Orangenfilets zwischen den Trennhäuten herausschneiden. 3 reife Pfirsiche häuten, halbieren, entsteinen und das Fruchtfleisch in Spalten schneiden. 200 g Erdbeeren putzen und je nach Größe vierteln oder achteln. 3/8 l kräftigen spanischen Rotwein mit dem kalten Tee mischen, die Orangen, die Pfirsiche und die Erdbeeren dazugeben und das Ganze zusammen mit Eiswürfeln in einen Glaskrug füllen. Die Orangenschale hineinhängen und mit 1 frischen Rosmarinzweig verzieren.

Wolfgang Kohlhepp

Waldmeisterbowle

2 Flaschen Weißwein in eine Bowlenschüssel gießen, Waldmeister (höchstens 7 g) zusammenbinden und dann in den Wein hängen, so daß die Stiele nicht eingetaucht

sind. Das Kraut nach 10–15 Minuten entfernen. Die Bowle dann mit Sekt und Mineralwasser auffüllen.

Tip: Waldmeister sollte möglichst frisch von der Blüte gepflückt verwendet werden. Am besten etwas anwelken lassen, damit das Aroma nicht zu intensiv wird. Getrockneten Waldmeister bekommt man in der Apotheke.

Wolfgang Kohlhepp

Feuerzangenbowle

1 l Rotwein, 1 Zimtstange, 2 Nelken und 1 Glas Orangensaft in einem Topf erwärmen. Die Halterung für den Zuckerhut auf dem Topf befestigen und den Zuckerhut darauflegen. Hochprozentigen Alkohol, z.B. Rum, darüberlaufen lassen und anschließend anzünden. Der Zucker tropft in den Topf, und die Feuerzangenbowle kann in geselliger Runde genossen werden.

Tip: Den Zuckerhut wiederholt mit Rum beträufeln und anzünden, bis er ganz geschmolzen ist.

Ralf Meuser

Bowle retten

Wenn man sich bei der Mischung einer Bowle verschätzt hat und die Bowle zu stark nach Alkohol schmeckt, kann der Bowle Alkohol entzogen werden, indem man geschälte Gurke hineinlegt. Innerhalb von 1–2 Stunden saugt die Gurke reichlich Alkohol auf.

Eine Bowle kann verfeinert werden, indem man einen kleinen Teil der Bowle entnimmt, erwärmt und mit Kardamom, Muskat oder Rosmarin würzt. Anschließend die so gewürzte Flüssigkeit wieder der Bowle hinzufügen.

Tip: Eine kleine Menge der Bowle muß erwärmt werden, da sich die ätherischen Öle der Gewürze nur in warmem Zustand entfalten.

Alexander Herrmann

Margaritas mixen

Crush-Eis, 2 Teile Tequila, 1 Teil Cointreau und 1 Teil Limonensaft in einen Mixer geben. Früchte hinzufügen (z.B. Erdbeeren, Bananen, Papaya etc.) und das Ganze mixen.

Tip: Vor dem Einschenken werden die Gläser mit einem Salzrand versehen, indem der Glasrand mit Limonensaft angefeuchtet und in Kochsalz gedrückt wird.

Andreas Studer

Cocktail Virgin Mary

12 cl Tomatensaft auf Eiswürfel in einen Tumbler geben und mit 2 Spritzern Zitronensaft, 1 Spritzer Worcestershire-Sauce und 1 Spritzer Tabasco, 1 Prise Salz und Pfeffer verrühren. Anschließend 1 kleine Selleriestange als Garnierung ins Glas stecken.

Ralf Meuser

Cocktail Mojito

Dieser Cocktail wurde in den dreißiger Jahren von Barkeepern in Kubas Hauptstadt Havanna erfunden.

Und so wird er gemixt: Den Saft von 1/2 Limette mit 2 TL braunem Zucker und 1 Zweig Minze in ein Glas geben. Mit einem Stößel leicht zerdrücken. 5 cl weißen Rum und 2–3 zerstoßene Eiswürfel zugeben und umrühren. Mit etwas Mineralwasser aufgießen und mit Minzeblättern garnieren.

Frank Buchholz

Sorbet Coronel

4 Kugeln Zitronensorbet mit 8 cl Wodka und 1 Flasche Prosecco in eine Schüssel geben. Mit dem Passierstab aufschlagen, bis die Masse homogen wird. Sofort servieren.

Rainer Mitze

Praktische Tips

Kochen mit dem Römertopf

Da der Römertopf aus Ton besteht, muß er vor dem Verwenden gut gewässert werden. Die Feuchtigkeit zieht dadurch in den Ton ein und wird beim Kochen an das Gargut abgegeben. Aus diesem Grund wird bei der Zubereitung im Römertopf keine Flüssigkeit und kein Fett benötigt. Man kann verschiedene Gemüse und Kartoffeln in den Topf geben. Darauf wird das Fleisch gelegt. Das Ganze salzen und pfeffern und zur Verfeinerung je nach Geschmack frische Kräuter in den Topf geben. Den Römertopf mit dem Deckel verschließen und in den kalten Ofen schieben. Das Gargut muß bei 200 Grad mindestens 90 Minuten im Ofen garen.

Tip: Gemüse und Fleisch möglichst in ungefähr gleichgroße Stücke/Scheiben schneiden.

Franz-Xaver Bürkle

Kochen mit dem Wok

Der Wok ist eine gewölbte Eisenpfanne, die in der chinesischen Küche zum Kochen verwendet wird. Der Vorteil des Wok liegt darin, daß durch die Rundung des Topfes das Feuer den ganzen Topf umgibt und das Gargut gleichmäßig erhitzt wird.

Tip: Es gibt heute Woks mit abgeflachtem Boden zu kaufen, die das Prinzip für einen Gebrauch auf Gas- und Elektroherden ermöglichen, d.h. die Hitze wird gleichmäßig vom Boden auf die Wände abgegeben.

Und so wird er benutzt: Etwas Öl in den heißen Wok geben; sobald das Öl fast rauchheiß ist, die Zutaten in den Wok geben und wenige Minuten braten. Dabei ständig das Kochgut mit einem Holzlöffel zum Rand arbeiten.

Tip: Es ist sehr wichtig, daß alle Zutaten in gleich große/feine Stücke geschnitten werden.

Susanne Vössing

Fritiertips

Es gibt spezielle Fette, die besonders zum Fritieren geeignet sind, da sie stärker erhitzt werden können, z.B. Kokosfett, Erdnußöl und spezielle Fritierfette. Gute Fette fangen erst bei 200 Grad an zu rauchen. Immer nur kleine Portionen fritieren, damit die ideale Temperatur (180 Grad) nicht zu stark abnimmt. Sonst saugt sich das Fritiergut mit Fett voll, anstatt eine Kruste zu bilden.
Die Temperatur kann mit einem Weißbrotwürfel überprüft werden: Ist das Brot nach 1 Minute goldbraun, hat das Fett ca. 175 Grad; bei 190 Grad bräunt es in 40 Sekunden, bei 195 Grad in weniger als 20 Sekunden.
Das Backgut möglichst trocken in die Friteuse geben. Wenn man eine Karotte ins Fett gibt, wird es nicht so schnell braun.

Tip: *Gibt man 1 TL Essig ins Fritierfett, saugt das Fritiergut nicht so viel Fett auf und schmeckt auch aromatischer.*

Frank Buchholz

Garnieren

Garnituren sollen Appetit anregen und Lust aufs Essen machen, aber sie sollten niemals zur Hauptsache werden. Sie sollten klein sein und unbedingt in Farbe, Form und Aroma zum Essen passen. Verschiedene Formen setzen zusätzlich Akzente auf dem Teller. Rundes zu Geradem, Geschwungenes zu Eckigem, Kleines neben Großem. Bei einer Vielfalt von Farben oder Formen ist es wichtig, daß ein Ruhepunkt auf dem Teller die Harmonie wahrt.
Tomatenrose: Die Haut mit einem sehr scharfen Messer in einer 1 1/2 cm breiten Spirale dünn abschälen. Die Schalenspirale zunächst recht fest, dann immer lockerer zu einer Rose zusammenrollen.

Tomatenkronen: Eine ungeschälte Tomate in der Mitte rundherum mit einem kleinen Messer zickzackförmig bis zur Mitte einstechen. Die beiden Hälften gegeneinanderdrehen und so voneinander lösen. Die Hälften aushöhlen.

Avokadofächer: Eine abgeschälte Avocadohälfte auf die flache Seite legen und von oben nach unten leicht schräg mit feinen Schnitten wie einen Kamm einschneiden. Mit der flachen Hand leicht auf den Fächer drücken, so daß er sich entfaltet. Zwischen die Fächerblätter feine Scheibchen von Gemüse legen, z.B. Karotten, Pilze, Bambussprossenstreifen oder Paprikaringe.

Tip: Die Avocado nach dem Schälen sofort mit etwas Zitronensaft beträufeln, damit sie nicht braun anläuft.

Zucchinorosette: Einen kleinen Zucchino mit einem Kanneliermesser kannelieren. Ihn dann mit einem Rettichschneider zu einer Spirale schneiden und diese zu einem Ring legen. In die Mitte eine dicke Zucchinoscheibe legen und eine Tomatenrose daraufsetzen.

Tellerdekorationen mit Puderzucker und Kakao: Schablonen mit verschiedenen Motiven zurechtschneiden: Apfel, Birne, Herz, Stern, Fächer. Die Schablone auf den Teller legen und Puderzucker oder Kakao darüber streuen. Dann die Schablone entfernen, und das Muster wird sichtbar.

Saucenspiegel: Vanillesauce, Schokoladensauce, Erdbeersauce oder Kiwisauce nebeneinander auf den Teller gießen oder mit der einen Sauce Tupfer in die andere setzen. Mit einem Holzspieß durch die Saucen fahren und Muster kreieren.

Herzmuster: Die Mitte des Tellers mit roter Sauce ausfüllen, dann drumherum helle Sauce ausgießen, einmal mit einem Holzspieß längs durch beide Saucen ziehen.

Fächermuster: Aus Erdbeersauce 4 Halbkreise übereinander im Abstand von 1 cm auf den Teller gießen. In die Zwischenräume 3 Halbkreise aus Vanillesauce gießen. Mit dem Spieß vom Tellerrand zur Mitte und von der Mitte zum Tellerrand hin Linien ziehen. Auf der freien Tellerhälfte kann man ein Dessert plazieren.

Frank Buchholz

Garnituren aus Kuvertüre herstellen

Die Kuvertüre wird in einem handwarmen Wasserbad zerlassen. Die nun flüssige Kuvertüre wird dann fein und gleichmäßig z.B. auf ein Blech verteilt. Dann läßt man die Kuvertüre wieder erstarren. Nun kann man mit einem Spachtel vorsichtig feine Kuvertüre-Röllchen oder -wellen vom Blech schaben.

Tip: Zur Dekoration kann man auch Früchte, Rosenblätter etc. in Kuvertüre tunken und trocknen lassen.

Franz-Xaver Bürkle

Dekorationen aus Radieschen

Maus: Der gekürzte Stiel des Radieschens wird die Nase der Maus, die Wurzel das Schwänzchen. An einer Seite des Radieschens zwei Ohren abschneiden und diese Seite gerade schneiden, damit die Maus steht. Auf der entgegengesetzten Seite zwei Schlitze für die Ohren schneiden und diese hineinstecken. Oberhalb der Nase zwei Löcher für die Augen einschneiden und mit Nelken versehen.

Seerosen: Radieschen von oben nach unten an den Seiten einschneiden (wie beim Schälen, ohne jedoch die Schale am oberen Ende zu entfernen). Dabei das Messer immer weiter nach innen ansetzen. Anschließend in Eiswasser legen, damit die Seerosen aufgehen.

Sterne: Kreuzweise kleine Kronen einschneiden und beide Hälften trennen. Ebenfalls in Eiswasser legen.

Wolfgang Kohlhepp

Natürliche Farben für Plätzchenglasuren

Gelb: Safran in Wasser aufkochen, lange ziehen lassen und anschließend durch ein Sieb passieren.
Grün: z.B. Pistazien pürieren.
Rot: Rote-Bete-Saft.

Tip: Zum Verzieren eine Spritztülle aus einem dreieckigen Stück Pergamentpapier rollen, die Spitze fein abschneiden.

Franz-Xaver Bürkle

Einsinken von Früchten im Teig verhindern

Früchte in Mehl wälzen und dann zum Teig geben. Das Ganze unter Zugabe von 1 TL Natron verrühren.

Rainer Mitze

Eiswürfelschale

Auf den Boden einer großen Schüssel Eiswürfel legen. Eine etwas kleinere Schüssel daraufsetzen. Dann in den Zwischenraum Früchte nach Wahl füllen und mit Fruchtsaft (Orangen-, Johannisbeer- oder Kirschsaft) aufgießen, bis die Früchte komplett mit Saft bedeckt sind. Zum Gefrieren ins Eisfach legen. Man kann zusätzlich noch zwischen die Fruchtschichten Kräuter, Blüten oder Nüsse legen. Zum Lösen der Eiswürfelschale aus den Schüsseln, diese kurz in heißes Wasser tauchen. In der Eiswürfelschale kann man z. B. Obst dekorativ anrichten.

Tip: Die kleinere Schüssel mit einem Gewicht beschweren, damit sie vom Saft nicht hochgedrückt wird.

Frank Buchholz

Nüsse richtig knacken und zerhacken

Um bei **Mandeln** und **Pistazien** die Schale leicht entfernen zu können, die Nüsse in heißem Wasser etwa 2 Minuten sieden lassen. Dann können die Schalen ganz leicht abgezogen werden.

Walnüsse lassen sich einfach knacken, wenn sie zuvor 1 Tag lang in warmem Wasser eingelegt wurden. Danach können die Schalen leicht geknackt werden, ohne daß das Innere beschädigt wird.
Um harte **Paranüsse** zu knacken, sollten diese vorher im Eisfach kurz angefroren werden. Nun kann die Schale ohne große Schwierigkeiten geknackt werden.
Um **Nüsse zu zerhacken**, einen kleinen Berg Zucker auf die Arbeitsunterlage schütten und die Nüsse hineinlegen. Jetzt können die Nüsse mit einem Messer vorsichtig zerhackt werden, ohne daß sie dabei wegspringen.

Frank Buchholz

Kokosnüsse richtig öffnen

Mit einem stabilen Messer rundum auf die Schale der Kokosnuß schlagen, so daß die Kokosnuß in zwei Hälften fällt. Mit einer Schüssel den auslaufenden Kokossaft auffangen.

Tip: Um Kokosmilch zu erhalten, etwas geriebenes Kokosfleisch mit dem Saft verrühren und das Ganze durch ein Tuch passieren.

Sante de Santis

Eierschneider

Raffiniert: Der Eierschneider läßt sich hervorragend zum Schneiden von Champignons verwenden. So bekommt man spielend leicht gleichmäßig dicke Scheiben.

Wolfgang Kohlhepp

Hartnäckige Gläser öffnen

Ein kräftiger Schlag auf den Glasboden hebt den Verschluß leicht an, auch hörbar am »Plopp«.
Oder: Taucht man das Glas mit dem Deckel kopfüber in heißes Wasser, dehnt sich der Deckel aus und läßt sich so leicht lösen.
Sticht man mit einem Dosenpiker ein Loch in den Deckel, löst sich das Vakuum, und der Verschluß wird gelockert.

Franz-Xaver Bürkle

Messer

Kochmesser (Küchenmesser): 14–32 cm lange starke Klinge mit breiter, spitz zulaufender und leicht nach oben gebogener Schneide; vielseitig verwendbar zum Schneiden, Portionieren von Fleisch und Geflügel; zum Schuppen von Fisch; zum Putzen und Zerkleinern von Gemüse und Salaten; zum Raffeln von Kohl; zum Abziehen von Knoblauchzehen und Hacken von Kräutern und Nüssen.
Gemüse- und Kartoffelmesser: 5–10 cm kurze gerade, dünne, flexible und spitze Klinge; für Vorarbeiten, um Kartoffeln, Zwiebeln u.s.w. in Scheiben, Stäbchen, Würfel zu schneiden; um Gemüse und Salate zu zerkleinern sowie zum Putzen.
Fleischmesser: 22–30 cm lange gerade, feste oder elastische, glatt und dünn geschliffene Klinge; zum Schneiden von rohem und getrocknetem Fleisch und Schinken, Wurst, Fisch; zum Tranchieren von Fleisch und Geflügel.

Fischmesser: Flache, stumpfe Klinge, die das schonende Zerteilen von gegarten Fischen erlaubt; es wird heute meist durch ein Messer mit rostfreier, zackenloser Schneide ersetzt.

Frank Buchholz

Messer schärfen

Zum Messerschärfen wird ein sogenannter Wetzstahl benötigt (erhältlich im Haushaltswarengeschäft). Damit können aber lediglich leicht abgenutzte Messer wieder geschärft werden. Der Wetzstahl wird mit der einen Hand gehalten und mit der Spitze auf dem Tisch aufgestellt. Mit der anderen Hand wird nun die Messerklinge in einem Winkel von 45 Grad nach unten über den Stahl gezogen, bis das Messer wieder die gewünschte Schärfe hat. Zum Schluß die Klinge mit einem Tuch abwischen, um beim Wetzvorgang eventuell angefallene Metallspäne zu entfernen.

Alexander Herrmann

Gußeisen-Pfannen reinigen

Salz so in die Pfanne geben, daß der Boden gleichmäßig bedeckt ist. Nun die Pfanne unter vorsichtigem Rütteln erhitzen. Zeigen sich Stellen, bei denen das Salz am Pfannenboden haftet, diese Verkrustungen mit einem Holzkochlöffel einfach wegkratzen. Anschließen die Pfanne mit einem trockenen Tuch auswischen und einölen.

Thies Möller

Thermoskannen reinigen

Tee- und Kaffeeflecken entfernt man wie folgt: 1 EL Backpulver in die Kanne geben, lauwarmes Wasser dazugießen, kurz schütteln und etwa 2 Stunden stehen lassen. Statt Backpulver kann man auch 1 Tasse Reis nehmen. Einen guten Effekt haben auch Gebißreiniger. 1 Tablette in die Kanne geben, mit heißem Wasser aufgießen und über Nacht stehen lassen. Danach gut ausspülen.

Wolfgang Kohlhepp

Küchenlatein

Abbinden	Siehe Binden
Ablöschen	Angeröstetes Bratgut (Fleisch, Gemüse) und den Bratensatz mit einer warmen oder kalten Flüssigkeit (Wasser, Essig, Wein, Brühe) loskochen.
Abschmelzen	Fertige Speisen mit zerlassener Butter begießen.
Abschrecken	Heiße Speisen in kaltes Wasser tauchen, um sie schnell abzukühlen und damit der Garprozeß abgestoppt wird. Abschrecken bezeichnet auch das Begießen von Braten mit kaltem Wasser am Ende des Garvorgangs, damit die Haut knusprig wird.
Abstechen	Mittels zweier Eßlöffel Klöße aus einer vorbereiteten Masse formen, um sie in heißem Wasser garziehen zu lassen.
Al dente	Der italienische Begriff beschreibt die Beschaffenheit von Teigwaren und auch Gemüsen, die nur so lange gegart werden, daß sie noch Biß haben, also nicht durchgekocht sind.
Anbraten	Fleisch und Geflügel bei starker Hitze im Fett so lange braten, bis es auf allen Seiten braun ist.
Ansautieren	Siehe Sautieren
Anschwitzen	Gemüse, insbesondere Zwiebeln, oder Mehl in Öl oder Butter leicht erhitzen, daß sie weich, aber nicht braun werden.
Anziehen lassen	Siehe Anschwitzen
Ausbacken	Speisen (Backwaren oder Früchte/Gemüse im Teigmantel) im heißen Fett schwimmend knusprig backen.
Ausbeinen	Das Auslösen der Knochen aus Fleisch und Geflügel.
Bain-marie	Siehe Wasserbad
Bardieren	Mageres Fleisch, Wild oder Geflügel in dünne Scheiben von fettem Speck einhüllen, damit es beim Braten nicht austrocknet.
Beizen	Siehe Marinieren
Binden	Das Andicken einer Sauce oder Suppe mit Hilfe eines Bindemittels wie z.B. Stärke, Mehl, Butter, Sahne zu einer sämigen Konsistenz.
Blanchieren	(frz. = weiß machen, reinigen) Das Abkochen oder Abbrühen von Fleisch, Gemüsen, Hülsenfrüchten und Obst, um Fleisch ein helles Aussehen zu geben, Gemüse von unbekömmlichen Stoffen zu befreien, um das Auf-

quellen von Hülsenfrüchten zu befördern oder um die Schale von Obst und Mandeln, Nüssen u.s.w. leicht entfernen zu können. Auch allgemein das Abkochen von Gemüsen in Salzwasser.

Blindbacken Siehe Seite 72.

Bouquet garni Bezeichnung für ein Kräutersträußchen aus Petersilie, Thymian und einem Lorbeerblatt, ggfs. noch Sellerie und Lauch, als Würze für Suppen, Eintöpfe und andere Gerichte. Es wird nach dem Kochen wieder herausgenommen. Getrocknet werden die Kräuter in Baumwoll- oder Gazebeutel gesteckt. Siehe auch Seite 66.

Braisieren Siehe Schmoren

Bratenfond, Bratensatz
Fleischsaft, der beim Anbraten aus dem Bratgut tritt. Wichtig als Basis für Saucen.

Bridieren Unzerlegtes Geflügel so zusammenbinden, daß die Flügel und Keulen nicht abstehen und das Tier von allen Seiten gleichmäßig gebräunt wird. Siehe Hähnchen dressieren Seite 52.

Brühe Würzige Flüssigkeit, die beim Kochen von Fleisch, Geflügel oder Gemüse oder einer Kombination daraus entsteht. Man verwendet Brühe anstelle von Wasser, um Suppen und Saucen zu verfeinern. Im Handel fertig als Pulver oder Würfel erhältlich.

Brühen Siehe Blanchieren

Brunoise In feine Würfelchen geschnittenes Wurzelgemüse (Karotten, Knollensellerie, Lauch und Zwiebeln).

Canapés Sehr kleine, geröstete, gebutterte und pikant belegte Brotscheiben.

Cocotte Feuerfeste Porzellan- oder Steingutkasserolle; gußeiserner Schmortopf; Porzellannäpfchen für Ragouts, Soufflés oder Eierspeisen.

Confit Fleisch oder Geflügel, das im eigenen Fett konserviert wird.

Consommé Eine klare Kraftbrühe.

Coulis Konzentrierter Saft von Fleisch, Geflügel, Fisch und Meeresfrüchten sowie das Püree von Tomaten als Basis für verschiedene Saucen und Suppen.

Courtbouillon Gewürzter Sud aus Wasser, Weißwein, Zwiebeln, Karotten und Gewürzen zum Garen von Fischen und Schaltieren.

Croûtons In kleine Würfel geschnittene, gebackene oder gebratene Weißbrotscheiben, die als Garnierung von Gemüsen, Suppen und Ragouts verwendet werden oder z.B. zusammen mit gerösteten Speckwürfeln über Feldsalat gestreut werden.

Dämpfen Das Garen von Fischen, zartem Gemüse, Getreide etc. im Wasserdampf, meist in einem speziellen Einsatz über einem Topf mit kochendem Wasser.

Dekantieren Eine Flüssigkeit sorgfältig abgießen, damit der Satz zurückbleibt. Besonders in der Weinfachsprache das Abgießen eines Rotweines in eine Glaskaraffe, um ihn vom sogenannten »Depot« zu trennen und damit der Wein mit Sauerstoff in Verbindung kommt und so seine Aromastoffe voll entfalten kann.

Dressieren (frz. = aufrichten) Das Zurechtschneiden verschiedener Gemüse und Früchte zu zierlichen Formen; das Zurechtstutzen von Fleisch; das Zurechtbiegen von Geflügel (siehe Bridieren) und das geschmackvolle Anrichten von Speisen.

Dünsten Das Garen von Nahrungsmitteln im eigenen Saft oder unter Zugabe von etwas Flüssigkeit (Wasser, Wein, Fond) und/oder Fett bei geschlossenem Topfdeckel.

Einbrennen Das Verrühren von Suppen und Saucen mit heller oder dunkler Mehlschwitze (Einbrenne) zur richtigen Verdickung.

Emincé Gegartes, in hauchdünne Scheiben geschnittenes Fleisch, in einer Sauce erhitzt und mit Gemüsen angerichtet.

Farce Eine mehr oder minder fein gehackte oder pürierte aromatische Masse aus rohen oder gekochten Produkten, z.B. Fleisch, Geflügel, Wild, Fisch, Krustentieren, Gemüse, Pilzen, hartgekochtem Eigelb, Gänseleber, Gewürzen, Kräutern, in Milch eingeweichtem Weißbrot, Schinken, Zwiebeln sowie Lockerungs- und Bindemitteln. Die Farce wird verwendet zum Füllen von Fleisch, Geflügel, Wild, Fisch, Krustentieren, für Pasteten, Terrinen und Teigwaren oder in Form von Klößchen auch als Suppeneinlage oder Beilage zu herzhaften Saucen gereicht.

Filetieren Fisch von Haut und Gräten befreien. Auch das Herauslösen von z.B. Orangen- oder Mandarinenelementen aus ihrer Haut.

Fines herbes Feine Kräuter für Farcen, Saucen und Salate. Siehe auch Seite 66.

Flambieren Absengen, abbrennen, mit Alkohol übergießen und anzünden.

Fond, Satz Flüssigkeit, die beim Kochen, Dünsten oder Braten von Fleisch- oder Fischstücken zurückbleibt und den Saft und Geschmack der gegarten Dinge in sich aufgenommen hat; wird als Grundlage zur Bereitung kräftiger Saucen benutzt wird.

Garziehen Das Kochgut in einer Flüssigkeit unterhalb des Siedepunktes garen lassen.

Glacieren, glasieren Das Überziehen von Speisen mit dem eigenen Saft, stark eingekochter Kraftbrühe oder mit Fett, um ihnen Glanz zu geben; Überglänzen mit Gelee oder Speisen mit einer Eiweiß-, Zucker oder Fruchtglasur überziehen.

Gratinieren Verschiedenen fertigen Gerichten durch Backen speziell mit Oberhitze eine bräunliche Kruste geben.

Julienne In sehr feine Streifen Geschnittenes, z.B. Gemüse, gekochter Schinken, Trüffel u.s.w.

Jus Reiner Fleischsaft, Bratensaft, brauner Fond; konzentrierte, entfettete Fleischbrühe; wird als Grundlage oder zur Verfeinerung für feine Bratensaucen verwendet.

Karamelisieren Zucker schmelzen und bräunen lassen.

Karkasse Gerippe vom Geflügel. Wird mit den anhaftenden Fleischresten als Grundlage für Fonds verwendet.

Klären Das Entfernen aller trüben Bestandteile aus Fetten, insbesondere aus Butter, die zum Braten verwendet werden soll (siehe auch Seite 59), Brühen und Consommés.

Köcheln Schwach brodelnd kochen lassen.

Kokotte Siehe Cocotte

Legieren Siehe Binden

Liaison Zum Legieren bestimmte Bindemittel, z.B. Eigelb mit Sahne.

Marinieren Fisch, Fleisch, Wild, Geflügel, Obst oder Gemüse u.s.w. in gewürzte, säuerliche Flüssigkeiten einlegen, damit sie zarter werden, um ihnen Geschmack zu geben oder um sie vor dem Verderben zu schützen.

Mazerieren Mit einer aromatischen Flüssigkeit durchziehen lassen, z.B. Früchte mit Likör oder Branntwein.

Mehlbutter Eine aus Mehl und Butter im Verhältnis 1:1 verknetete Paste zum Binden von Saucen.

Mehlieren Fleisch beim Paniervorgang in Mehl wenden, damit das Ei besser haften bleibt.

Montieren Eine Sauce mit Öl aufschlagen oder mit Butter verrühren; Eiweiß zu Schnee schlagen.

Nappieren Eine Speise mit Sauce oder Gelee überziehen/bedecken.

Panieren Das Eintauchen von Fleischstücken, Fisch oder anderen zum Ausbacken in Fett oder Braten in der Pfanne bestimmten Lebensmitteln in Mehl, Ei und Semmelbröseln.

Papillote, en Das Garen von Fisch oder Fleisch im eigenen Saft in einer eingeölten Papierhülle, wodurch das Gargut alle Aroma- und Geschmacksstoffe behält und nicht trocken wird (siehe auch Seite 35).

Parieren Das Zurechtschneiden der Fisch- und Fleischstücke etc. und das Abschneiden allen überflüssigen Anhängsels wie z.B. Fett, Sehnen, Haut u.s.w.

Pariser Löffel Kugelausstecher, um aus Gemüse und Obst dekorative Bällchen zu schneiden. In verschiedenen Größen erhältlich.

Passieren Eine Suppe, Sauce oder andere Flüssigkeiten durch ein Sieb streichen oder durch ein Tuch seihen; ebenso ein Mus durchstreichen.

Plattieren Fleisch oder Fisch leicht flachklopfen, wodurch es zarter wird.

Pochieren Lebensmittel bei Siedehitze in viel Flüssigkeit garziehen lassen, ohne zu kochen. Ursprünglich bezeichnete der Begriff das Aufschlagen von Eiern und Einschütten in siedendes Wasser, bis das Eiweiß erstarrt ist.

Reduzieren Einkochenlassen einer Flüssigkeit, um den Wassergehalt zu verringern und den Geschmack zu verstärken. Je nach Zutaten wird die Sauce durch das Einkochen auch dickflüssiger.

Sautieren Das rasche Garmachen von kleinen Fleisch- oder Fischstücken und auch von Gemüse in Butter in einer Pfanne bei starker Hitze, wobei die Pfanne hin und her geschwenkt wird, damit das Bratgut gleichmäßig gart.

Säuern Das Einlegen von Nahrungsmitteln, insbesondere Obst und Gemüse, in mit Zitronensaft oder Essig gesäuertes Wasser, wodurch das Verfärben der Nahrungsmittel verhindert wird; das Beträufeln mit Zitronensaft.

Schmälzen Gekochtes Gemüse oder Nudeln u.ä. mit heißer Butter übergießen.

Schmoren Fleisch, Geflügel oder Gemüse, das in Fett angebraten oder angeschwitzt wurde, zu etwa einem Viertel mit Flüssigkeit angießen und zugedeckt langsam garen (als Gegensatz zum Braten).

Schwitzen Siehe Anschwitzen

Spicken Fleisch vor dem Braten mit Speckstreifen durchziehen, damit es saftiger wird und nicht austrocknet; ebenso Knoblauchzehen oder Kräuter in den Braten stecken; auch Nelken und ein Lorbeerblatt in eine Zwiebel stecken, um einen Sud zu würzen.

Tomatieren Eine Speise mit Tomatenmark oder Tomatensauce vermischen.

Tournieren Das als Beilage bestimmte Gemüse in hübsche Form schneiden.

Tranchieren Kunstgerechtes Zerlegen von Braten, Geflügel und Fischen.

Wasserbad In einen mit Wasser gefüllten Topf oder eine Form werden kleinere Töpfe oder Schüsseln bzw. Backformen gestellt. Das Wasserbad wird eingesetzt zum Pochieren empfindlicher Speisen bei niedriger Temperatur im Ofen, ohne daß sie anbrennen, gerinnen oder an Flüssigkeit verlieren; auch zum Schmelzen von Schokolade auf dem Herd.

Ziehen Siehe Garziehen

Kurzbiographien der Köche

»Kochkunst ist Lebenskunst«

Franz-Xaver Bürkle

geb. 2. Januar 1948 in Baden-Baden

Beruflicher Werdegang:
- Ausbildung im Steigenberger Badischer Hof in Baden-Baden
- Europäischer Hof in Baden-Baden
- Wittelsbacher Hof in Oberstdorf
- Kurhaus Kasino in Bad Neuenahr
- Airport Hotel in Frankfurt am Main
- Hotel Brielhof in Hechingen
- Passagierschiff T. S. Bremen, Norddt. Lloyd in Bremerhaven

Aktuelle Tätigkeit:
Nahetal-Klinik in Bad Kreuznach

Besondere Qualifikationen:
- Küchenmeister
- Diätisch geschult, Koch der »Deutschen Gesellschaft für Ernährung«
- Prüfungsmeister der IHK zu Koblenz
- Referent zu Ausbildungen Koch, Küchenmeister, Diät. Koch
- Beiratsmitglied Krankenhaus-Heime-Sanatorien im Verband der Köche Deutschland
- Vorsitzender Club der Köche/Nahetal
- Mitautor verschiedener Kochbücher

Auszeichnungen:
- Goldmedaillen auf Fachausstellungen 1. Kategorien
- Gewinner der Goldenen Kochmütze 1979
- Gewinner und Plazierungen namhafter Koch- bzw. Rezeptwettbewerbe

Sonstiges:
Unter anderem leidenschaftlicher Sammler von Kochbüchern (auch sehr alten).

»Im Zeichen der Liebe«

Frank Buchholz

geb. 21. April 1967 in Dortmund

Beruflicher Werdegang:
- Ausbildung im Restaurant Goldschmieding in Castrop Rauxel
- Rino Casati in Köln; 1 Stern Michelin
- Restaurant Robert Späth in Chesaring-Gstaad, Schweiz; 1 Stern Michelin
- Käfer-Stuben in München; 1 Stern Michelin
- Landhaus Scherrer in Hamburg; 2 Sterne Michelin
- Restaurant Tantris in München, Heinz Winkler; 3 Sterne Michelin
- Restaurant Marquesi in Mailand; 3 Sterne Michelin
- Restaurant Tristan in Palma de Mallorca; 2 Sterne Michelin
- Grand Hotel Esplanade in Berlin, Sous Chef

- Landhaus zu den Rothen Forellen in Ilsenburg, Maître de Cuisine
- Maître de Cuisine im Restaurant Brückenkeller, Frankfurt am Main; 2 Sterne Michelin

Aktuelle Tätigkeit:
Dozent für »Essen und Kunst« an der Frankfurter Schillerschule

Sonstiges:
Frank Buchholz hat ein erotisches Kochbuch geschrieben.

»Der Kartoffelkönig«

Carsten Dorhs

geb. 20. April 1969 in Hofgeismar

Beruflicher Werdegang:
- Ausbildung im Maritim Golf & Sport Hotel in Timmendorfer Strand
- Hotelbetriebe Bühler Höhe in Bühl
- Hotel Waldhorn in Ravensburg
- Hotel Residence in Essen
- Hotel Brandenburger Hof in Berlin
- Hotel Residence in Essen
- Küchenchef auf dem Segelschiff Sea Cloud
- Henzek's Restaurant in Mülheim an der Ruhr

Aktuelle Tätigkeit:
Freiberuflicher Koch

»Essen und Trinken sind die drei schönsten Dinge des Lebens«

Alexander Herrmann

geb. 7. Juni 1971 in Kulmbach

Beruflicher Werdegang:
- Bavaria Hotelfachschule Altötting
- Kochlehre im Gasthaus Rottner in Nürnberg
- Weiterbildung in den Schweizer Stuben in Wertheim Bettingen
- Scholteshof in Hasselt, Belgien
- Kurhausstüberl in Waging, Alfons Schuhbeck
- Gasthaus Glockenbach in München, Karl Ederer

Aktuelle Tätigkeit:
Im eigenen Betrieb Herrmann´s Posthotel in Wirsberg

Besondere Qualifikationen:
Küchenmeisterprüfung (mit Meisterpreis der Bayrischen Staatsregierung)

» Kochen ist Glückssache, und Glück hat man nicht jeden Tag«

Wolfgang Kohlhepp

geb. 27. Oktober 1967 in Düsseldorf

Beruflicher Werdegang:
- Ausbildung zum Koch im Strümper Hof in Meerbusch
- Demi Chef bei Mövenpick in Düsseldorf
- Demi Chef, Chef de Partie, Chef Garde-manger im Swissotel in Neuss

Aktuelle Tätigkeit:
Außendienstmitarbeiter (Vertrieb) bei der Firma Rational in Landsberg am Lech

Besondere Qualifikationen:
- Erwerb der Ausbilder-Eignungs-Verordnung bei der IHK
- Besuch der Meisterschule mit Abschluß
- Weiterbildung an der Deutschen Angestellten-Akademie Trier zum Betriebsassistent Gastronomie

»Essen ist ein wichtiger Teil des Lebens: Wie man ißt, so ist man, wie man ist, so lebt man«

Ralf Meuser

geb. 25. August 1964 in Grevenbroich

Beruflicher Werdegang:
- Ausbildung im Hotel Inter-Continental in Düsseldorf
- Comis de Cuisine im Hotel Inter-Continental in Düsseldorf
- Demi Chef de Cuisine im Berkeley Hotel in London
- Demi Chef de Cuisine im Hotel Breidenbacher Hof in Düsseldorf
- Chef de Partie Tournant im Hotel Beatus in Merlingen/Schweiz
- Chef de Partie im Atlantic Hotel in Hamburg
- Sous Chef im Hotel im Wasserturm in Köln
- Chef de Cuisine im Balance Hotel in Neuss
- Küchenchef im Schloßhotel Lerbach in Bergisch Gladbach
- Küchenchef im Vorstandskasino einer großen Kölner Versicherung und

Aktuelle Tätigkeit:
Geschäftsführer und Küchenchef des Restaurants Velderhof in Pulheim/Stommelerbusch

Besondere Qualifikationen:
- Erfolgreicher Abschluß zum Ausbildereigner und Küchenmeister vor der IHK Koblenz
- Erfolgreicher Abschluß zum Diätkoch vor der IHK Koblenz

»Kochen bedeutet: Liebe zum Detail, Ideenreichtum, Disziplin, Sauberkeit und Hygiene«

Rainer Mitze

geb. 11. Januar 1947 in Velbert

Beruflicher Werdegang:
- Ausbildung im Hotel Rosenhaus in Velbert
- Alexander Restaurant in Wuppertal
- 2 x Saison in Westerland, Sylt
- Hotel Bermudiana, Bermudas
- Oriental Hotel in Bangkok
- Dusit Thanit Hotel in Bangkok
- Betriebsleiter Vorstandsrestaurant und Küche der Bayer AG in Leverkusen

Aktuelle Tätigkeit:
Freiberuflicher Koch

Besondere Qualifikationen:
- Dozent in Johann Lafer's Kochschule »Table d'Or« 1997 und 1998
- Dozent im »Greystoke« - The Culinary Institute of America - Nappa Valley, USA 1997/98

Auszeichnungen:
- 2. Preisträger Kikkoman Master 1991, 1995
- Teilnahme »Master of Food and Wine« 1992, 1993, 1996, 1997, 1998 in San Francisco
- Jury Member »Culinary Arts Competition Bangkok« 1992-97 und Manila 1997, 1998

Sonstiges:
- Kochkurse für Kinder 1996-97
- Culinarium mit wöchentlichen Gourmet-Kochkursen
- ZDF »Guten Appetit«, »Den Nachbarn in den Topf geschaut«, »Kochen wie in Asien«
- SWF »Kochen mit Johann Lafer«, »Glaskasten live«, »Johann Lafer kocht«
- 3SAT »Frag Lafer«
- Kulinarisches Festival »East meets West« in Bangkok 1995 und Burma 1996/97/98
- Kulinarisches Festival Raffles Hotel Singapur 1998
- Mitherausgeber der Kulinarischen Kalender »Euro-Asia Küche 1994«, »Dessert 1995«, »Dessert 1996«, »Fisch 1996«, »Fisch 1997«, »Wild 1998«, »Pazifik 1999«
- Autor des Kochbuchs »Süße Orchideen« und Mitautor am Buch »Kochen wie in Asien«
- Artikel im »Gourmet« und im »Feinschmecker«
- Kulinarische Bildergalerie Sparkasse Velbert
- Galamenü bei der UN in New York 1996 mit der Bundesregierung
- Galamenü im Oriental Hotel 1998 mit Peter Ustinov
- Rheinisches Festival mit LTU, Bankok 1998
- Weekend-Kochkurs mit Ray Jamagochi im
Princeville Resort Hotel, Hawaii, 1998
- diverse Aktivitäten im Internet

»Jeder Koch ein Künstler, doch nicht jeder Künstler ein Koch«

Thies Möller

geb. 12. April 1947 in Meldorf

Beruflicher Werdegang:

- Ausbildung im Hotel Wappenklause in Neumünster (Goldmedaille auf Landesebene im Berufswettkampf)
- Koch auf großer Fahrt, Bugsierreederei Hamburg
- Repräsentationsküche des Bundesministeriums für Verteidigung bei Gerhard Schröder und Helmut Schmidt (1968-1970)
- Pächter des Hotel des Handwerks in Heide
- Küchenchef im Drathenhof in Kiel
- Küchenchef im Hotel Wallburg, Grömitz
- Küchenchef im Panorama-Restaurant in Itzehoe

Aktuelle Tätigkeit:

Fachlehrer an der beruflichen Schule des Kreises Dithmarschen in Meldorf

Besondere Qualifikationen:

- Fleischerlehre
- Prüfung zum Küchenmeister
- Sachverständiger im Berufsbildungsausschuß des Bundes
- Sachverständiger in der Aufgabenstelle für kaufmännische Abschluß- und Zwischenprüfungen IHK
- Vorsitzender der Prüfungskommission Köche/Westküste
- Mitglied im Prüfungsausschuß Hofa/Westküste
- Prüfer beim Landesberufswettkampf Schleswig-Holstein
- jährlicher Schüleraustausch mit der »Ecole Superieure de Cuisine Française« in Paris
- Erfolgstrainer der Dithmarschen-Mannschaft auf der INTERNORGA, Hamburg, und HOGA, Nürnberg
- Trainer russischer Köche und Servicefachkräfte im Hotel Ukraina in Moskau

»Makkaroni, provozier mich nich', sonst freß ich dich!«

Sante de Santis

geb. 21. November 1965 in Rom

Beruflicher Werdegang:

- 5 Jahre Hotelfachschule IPAS, Rom
- Ausbildung im Hotel Hassler Villa Medici in Rom (Weltrangliste Nr. 40)
- Hotel Cavalieri Hilton in Rom, Comis de Cuisine
- Hotel Sheraton in Rom
- Hotel Excelsior in Rom
- Grand Hotel in Rom
- Hotel Cavalieri Hilton in Rom, Restaurant La Pergola, Chef de Partie
- Hotel Sheraton Skyline in London, Grill Chef, Chef Entrementier, Chef Saucier
- Hotel Inter-Continental, Stuttgart, Comis de Cuisine, Chef Tournant, Sous Chef
- Variété-Zelt in Stuttgart, Sous Chef
- Restaurant Come Prima in Stuttgart, Chef de Cuisine
- M/S Vistafyord in Hamburg, Comis Poissonier, später 1. Koch und Chef de Cuisine

- Copthorne Hotel Stuttgart International in Stuttgart, Sous Chef de Cuisine
- Vertreter des Küchenchefs in der neuen Staatsgalerie Stuttgart; Bistro Fresko

Aktuelle Tätigkeit:
Freiberuflicher Koch und Küchenchef in der Szene-Kneipe Café Amadeus in Stuttgart

Sonstiges:
Sante de Santis beherrscht die deutsche, englische, französische und spanische Sprache in Wort und Schrift; Italienisch ist natürlich seine Muttersprache.

»Hat man Brot, so findet sich schon ein Messer«
(Jiddisches Sprichwort)

Andreas C. Studer

geb. 20. Mai 1966 in Interlaken, Schweiz

Beruflicher Werdegang:
- Ausbildung im Hotel Jungfrau in Wilderwil/Schweiz
- Chef de Rang im Restaurant Panorama Grill im Hotel International in Zürich
- Verkaufsberater mit Verantwortlichkeit für die Entwicklung neuer Verkaufskonzepte für die »Schweizerische Speisewagen Gesellschaft« in Olten/Schweiz
- Verkaufsleiter/Betriebsleiter, verantwortlich für Marketing von 14 Restaurants und 5 Snackbars - und damit für die gesamte Restauration - im Züricher Hauptbahnhof
- Public Relations Assistent, verantwortlich für Spezialanlässe und Öffentlichkeitsarbeit im Hotel Villas Plaza in Cancun/Mexiko
- Geschäftsführer im Restaurant Stars in Zürich

Aktuelle Tätigkeit:
Freier Berater für Marketing in der Gastronomie in Berlin und Leiter von privaten Kochkursen

Besondere Qualifikationen:
- Fachausbildung Höhere Gastronomie-Fachschule in Thun/Schweiz
- Hotelfachschule des Schweizerischen Hoteliervereins mit Diplom Hotelier
- Praktika der Hotelfachschule im Hotel Mövenpick und im Hotel Novotel, Zürich

Sonstiges:
Andreas C. Studer ist leidenschaftlicher Sportler, hat ein Kochbuch veröffentlicht und schreibt derzeit an einem Kriminalroman.

»Kochen, die verfeinerte Art Kunst«

Susanne Vössing

geb. 10. September 1964 in Bühne/ Westfalen

Beruflicher Werdegang:

- Ausbildung zur Köchin in Warburg
- Köchin im Restaurant Alt Warburg in Warburg
- Sommelier in Kleines Restaurant im Oerschenhof in Münster
- Privatköchin bei der Firma Ziege, Münster
- Chef de Partie im Pavillon Montsouris in Paris
- Sous Chef de la Sauce im Lucas Carton in Paris
- Chef de Partie de Poisson im La Coupole in Paris
- Sous Chef im Yvan in Paris
- Küchenchefin im Le Marron in Bonn
- Betriebsleiterin im Delfter Haus in Köln
- Küchenchefin Restaurant La Société, Köln
- Küchenchefin im Restaurant Yvan in Paris

Aktuelle Tätigkeit:
Freiberufliche Köchin

Besondere Qualifikationen:
Studium mit Übersetzer-Diplom an der Sorbonne in Paris

Register

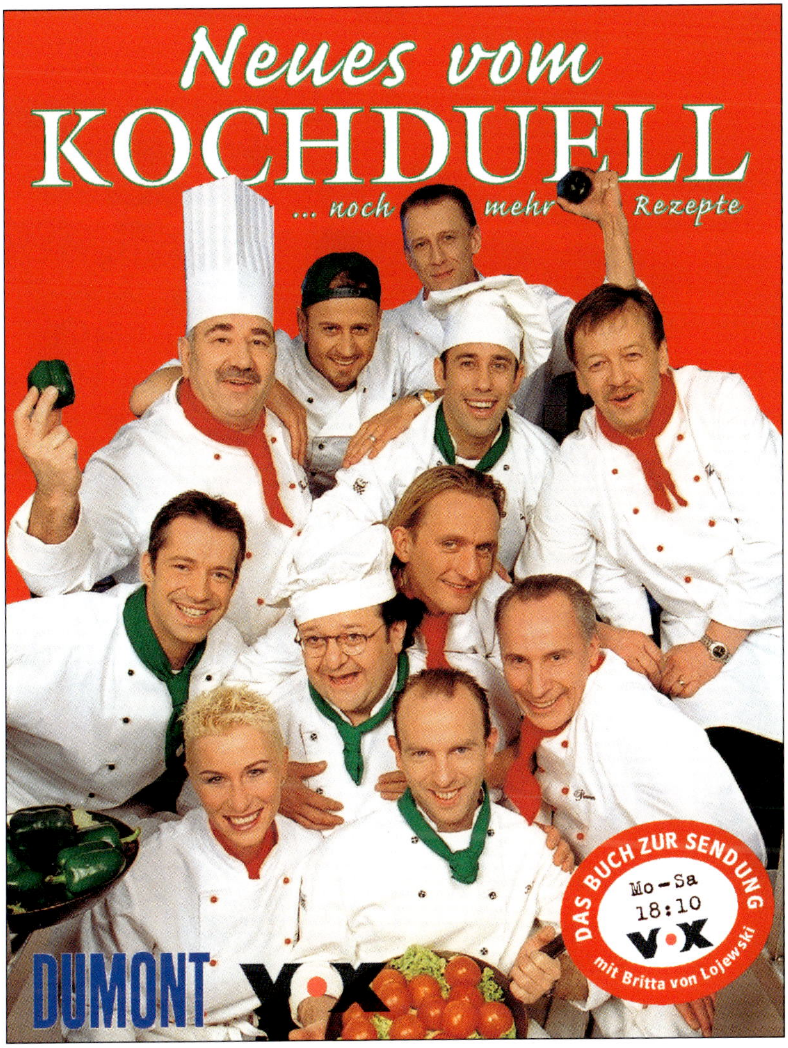

Tolle Kochideen ohne Ende

Die trickreichsten Lösungen für (fast) jede Kühlschrankflaute: Rezepte für Leute mit wenig Geld oder Zeit, aber mit Freude am Kochen. Hier geht es um Phantasie, Schnelligkeit und Mut zur Lücke.

Neues vom Kochduell
Das Buch zur Sendung mit Britta von Lojewski. 120 Seiten mit etwa 110 farb. Abbildungen u. 100 Rezepten, kartoniert

Kochduell-Shop

Diese Produkte und viele mehr sind im Handel erhältlich

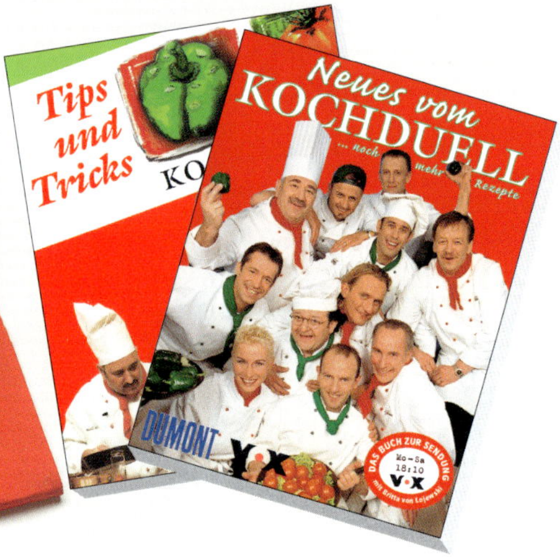

LURCH

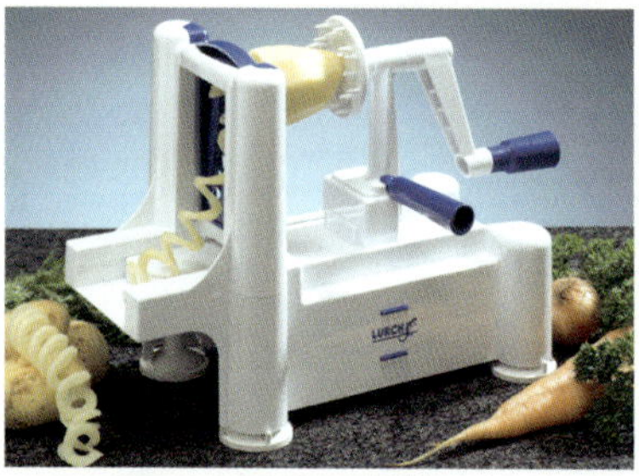

Ad Hoc

KAHLA

KAHLA/Thüringen Porzellan GmbH